二次创业

重新定义创业

王亚东 著

南京出版传媒集团 南京出版社

图书在版编目（CIP）数据

二次创业：重新定义创业 / 王亚东著. -- 南京：南京出版社，2023.7

ISBN 978-7-5533-4309-9

Ⅰ. ①二… Ⅱ. ①王… Ⅲ. ①企业管理 - 研究 Ⅳ. ①F272

中国国家版本馆CIP数据核字（2023）第121666号

书　　名　二次创业——重新定义创业
作　　者　王亚东
出版发行　南京出版传媒集团
　　　　　　南 京 出 版 社
社址：南京市太平门街53号　　邮编：210016
网址：http://www.njcbs.cn　　电子信箱：njcbs1988@163.com
联系电话：025-83283893、83283864（营销）　025-83112257（编务）

出 版 人　项晓宁
出 品 人　卢海鸣
责任编辑　石长安
装帧设计　王　俊　陈　墨
责任印制　杨福彬

排　　版　南京新华丰制版有限公司
印　　刷　南京凯德印刷有限公司
开　　本　880毫米×1230毫米　1/32
印　　张　7
字　　数　130千字
版　　次　2023年7月第1版
印　　次　2023年7月第1次印刷
书　　号　ISBN 978-7-5533-4309-9
定　　价　88.00元

用微信或京东APP扫码购书

用淘宝APP扫码购书

现在是一次创业最差的时代，

却迎来二次创业最佳的时机。

目　录

第1章

二次创业

什么是二次创业？

为什么要进行二次创业？

如何进行二次创业？

什么是二次创业?

“二次创业”这个词并非我的原创。我必须先澄清这个事实，很多人会刻意强调“原创”，有时候这本身就是一种不自信。知识的进步 99% 都是站在了前人的肩膀上，只有 1% 的开宗立派式的理论，才能有资格被称之为“原创”吧。

若干年前很偶然的一次机会，我在看书的过程中，第一次看到“二次创业”这次词。在我初读到这四个字时，就像被一道闪电击中，我在书上把这四个字圈了出来，呆呆地看了许久，又把书合上，思考了近半个小时。

后来我才意识到，之所以这四个字在当时能够击中我，是因为我心中已经有了的“二次创业”的种子，只是从来没有被这么准确的描述和表达出来。事实上，创业如同登山，所有的创业者都是一名富有冒险精神的攀登者，永远希望征服下一座高峰。为什么说创业是一条“不归路”？因为一旦上路，便没有终点。

而后，我就围绕“二次创业”展开了大量思考，做了大量的工作，并成功建立了一套理论模型。2018 年开始在厚德平台上向全国的企业家进行推广，在过去几年的时间里，在所有厚德同仁的努力下，它已经帮助众多的中国的民营企业家成功开启了人生的二次创业。

什么是二次创业？首先我们需要搞清楚的是，它是一个相对概念，而非绝对概念。我把创业分成两个阶段：一次创业和二次创业。除了一次创业之外所有的创业经历，统统属于二次创业的范畴。你的第二次创业、第三次创业、第四次创业、第五次创业，都属于二次创业。

图 1　一次创业和二次创业的区别

二次创业者和连续创业者有什么区别？当我们用“连续创业者”来形容一个人的时候，强调的是多次创业的过程；但是我们用“二次创业者”来形容一个人的时候，强调的是当下这个阶段。“连续创业”往往会被带上一些感情色彩，比如屡败屡战或屡战屡败，或积极或消极；“二次创业”的感情色彩是积极的，比如不甘于现状，比如创造新高。“连续创业”往往是因为上一次创业失败了，而“二次创业”的动机不是因为过去失败了，而是想要获得更大的成功。

所有的“二次创业者”都是心中有团火的人。正是因为心中有了这团熊熊燃烧的火焰，才能照亮我们前行的道路，让我们有勇气去面对充满未知的未来。对于创业者来说，心中的这团火熄灭了，创业的路也就到头了。

一个人只有心中有火，眼中才会有光，脚下才会有路。

为什么要进行二次创业?

要想让更多人主动开启人生的二次创业，必须解决这个深层次的问题。“为何”比“如何”要重要一百倍。为什么要进行二次创业呢?

1. 一次创业过程中错误太多，与其负重前行，不如重新出发!

我们在一次创业的过程中有没有犯过错? 有没有系统的学习过? 在大学里学过这个专业? 在社会上接受过这样的教育? 有没有人告诉过你什么样的项目才算好? 公司有哪几种形式? 合伙的生意应该注意些什么? 股权合同该怎么签? 要招募什么样的员工? 如何给员工设置薪酬? ……中国所有的创业者，都是在“摸着石头过河”。

在创业的过程中，我们不断地犯错，一会这错了，一会那错了。我在课堂上和我的学员开玩笑，如果不是想要纠错，你们都不会坐在我的课堂。只有犯错了，只有不知道该怎么办了，才会想到来学习，这是中国企业家的通病。

只要错了，就要纠错；只要纠错，就要付出代价。公司越大，纠错的成本越高，因为船大了难掉头。这还不是最可怕的，可怕的是有些问题一旦错了，就既成事实，无法改变。哪怕你下再大的决心，愿意花再大的成本，也无法纠错。因为它是不可逆的。比如你招错一个员工，这个错误就是可逆的，花点代价把人辞了，重新再去找就行；但是如果你找错了合伙人呢？怎么也无法达成共识，甚至就是要和你对着干，你就会发现这个错误是不可逆的，因为请神容易送神难。

事实上我们在经营企业的过程中，很多错误都属于“不可逆”的范畴，还有一些问题本来是“可逆”的，但是伴随着时间的推移，也逐渐变成了“绝症”，同样变得不可逆。我遇到过不少企业家，他比谁都清楚自己的问题在哪里，但是他也很清楚自己解决不了这样的问题，所以采取的态度就是“回避”。因为在长期与“错误”斗争的过程中已经疲惫不堪，选择了主动“放弃治疗”，他们已经没有了正视错误和问题的勇气。

问题不解决的代价是什么？就是企业永远卡在这个问题上，无法再前进一步。错误不纠正的代价是什么？是企业在发展的过程中，逐渐偏离轨道，渐行渐远。错误的不断累积，导致整个企业的效率下降、战略偏移、组织瘫痪，你也会距离自己最初的梦想越来越远。

在我从事商学教育的前10年（2012—2022年），我把它分成两个阶段。第一个5年我所做的事情，就是帮大家纠错。在一次创业那堵旧墙上修修改改、缝缝补补，5年过去回头一看，那堵旧墙已经满目疮痍、面目全非了。我突然意识到，不论怎么改，那堵旧墙上已经不可能出现完美答案；如果你对完美有追求，那就必须有勇气把那堵旧墙推倒，重新建起一堵新墙。

在错误的轨道上，再努力也不会有未来。按照你现在的方式继续下去，未来的路在何方？如果没有未来，那坚持的意义又在哪里？选择二次创业是因为：人生不怕重来，就怕没有未来。

2. 一次创业积累起丰富的资金、资源、资质，让我们的二次创业站在了比常人更高的起点上！

二次创业我们的起点是比一次创业更高还是更低？我们成功的概率是比一次创业更大还是更小？

我们在从事商学教育中发现过不少好的项目，所以也尝试做过一些创投，第一阶段的效果很差，差到让我怀疑人生。之前我们的思维一直停留在比较低的维度，只看这个项目本身。后来我开始思考一个更高维度的问题：不是什么样的项目更容易成功，而是什么样的人创业更容易获得成功。这个问题更有价值，更接近本质。

什么样的人创业更容易获得成功呢？有人说是军人，我一直不认同这个观点。还有人说是技术人员，大学教授或者专家，我甚至认为他们创业的成功率是低于平均值的。有人说是大学生，因为他们体力好，有激情有想法，我一直不提倡大学毕业就创业，甚至认为那是一种浮躁的表现。那到底什么样的创业更容易获得成功呢？我的答案是：传统企业家人生的第二次创业。

首先，在一次创业过程中的所有经历都会变成你的财富，你已经从一个懵懵懂懂的创业小白，成长为一名颇具战斗力的创业老兵。再者，一次创业积累起丰富的资金、资源、资质，这已经让你的二次创业站在了比常人更高的起点上。

我曾经投资过一个项目，很多同事都看不懂，他们觉得项目一般般，为什么我会如此青睐？我后来向他们解释，创始人我已经认识两三年的时间，不论从为人还是处事我都很信任他。最重要的是他的第一次创业成果相当不错，企业在当地市场排第一名，利润可观，口碑极好，人脉也广。我的逻辑其实很简单，我相信他的二次创业的结果，不会比一次创业差。所以这样的创业者，只要做的事情不至于离谱，我觉得都可以成功。一个人在和你合作过之前，他有没有成功过，有没有赚到过钱，其实是一件很重要的事情。

褚时健老先生的“褚橙”为什么能成功？有人说褚老这个人很厉害，有人说褚老的橙子很好吃，那都不是关键。核心是褚老做褚橙不是一次创业，是厚积薄发的二次创业了，他的起点比一般人高得多。事实上，所有的二次创业，都是站在了一次创业的肩膀上。

后来我看到一段故事，说小米第一轮融资的时候雷军打电话给他的好哥们，晨兴资本的刘芹：“刘芹，我要做手机，你投不投？”刘芹说“投啊”时，只有一个主意，连商业计划书都没有，在想都没有想清楚的时候，刘芹毅然按 2500 万美元的估值，投资了 500 万美元。

因为他看的是“人”。大约在第一轮融资后的 6 个月，小米进行了第二轮融资，估值 2.5 亿美元，此时小米只有 54 人的团队，其他什么都没有。54 个人值 2.5 亿美元，看的还是“人”。

更匪夷所思的是第三轮融资，又是半年以后，那时小米只有 34 万部手机的订单，一部手机都没卖出去，估值却已达到 10 亿美元，刘芹又投了，看的还是“人”。很多不解的人问刘芹为什么，第一第二次勉强还能理解，现在的估值明显虚高，为什么还投？刘芹说：“你想想看，雷军已经创过业，上过市，他投资的企业也这么成功。你认为雷军出来创业，市值到多大的程度才能满足他自己的抱负？所以雷军的估值只要在百亿美元之内，我都闭着眼睛就投。”……你看，高手的思维，都如出一辙。

3. 人生真正的成功永远在二次创业！

这其实并不难理解。一次创业就一蹴而就获得了成功，这个概率是在太低了。这就好比一个女孩遇见第一个让自己心动的男孩子，就一见钟情、两情相悦、陷入爱河、结为连理、结婚生子、相伴到老、相濡以沫、相敬如宾，一辈子相安无事，这个概率高不高？我不是不相信爱情，我只是觉得这种事情不常见。我甚至觉得一个人如果在感情上没有摔过跟头，他的人生就不完整。创业者也是一样，如果创业的道路上没有历经苦难，经历那些该经历的，他的人生就不完整。

我看过很多成功的企业家，他们都有一个神奇的共同点：都是二次创业。雷军成功是不是二次创业？答案是肯定的，一次创业是金山，二次创业才是小米。马云成功是不是二次创业？答案也是肯定的，马云在 1995 年就到了北京做了第一家互联网公司叫中国黄页（之前还做过翻译公司），1999 年带着“十八罗汉”回到杭州，在湖畔家园开启了二次创业，阿里巴巴由此而生。

我在前两年看到一家新能源汽车公司势头很猛，发展速度极快，创始人叫何小鹏，雷军也是投资人，这个赛道门槛很高，他为何能够迅速崛起？好奇心驱使我去扒这个人的背景，这才发现他是 UC 浏览器的创始人，UC 卖给阿里后，在之前深厚的积累上开启了二次创业，这才有了小鹏汽车。国产新能源汽车三大新势力“蔚小理”中的小鹏是如此，那蔚来汽车和理想汽车呢？如果你去看一下李斌和李想的履历，你会发现如出一辙，也都是二次创业。

这样的例子数不胜数，至少在中国，你所看到那些一线的、著名的企业家，他们的成功几乎都是二次创业的结果。

当然，我也曾经遇到过一些反驳。有人说，我一次创业已经成功了，我现在账上还有 5 个亿的现金。我想说的是：永远不要把过去赚到的一些钱定义为成功。第一，成功是要赚钱，但赚钱绝不代表成功，你定义成功的标准太简单了。第二，永远不要认为自己已经成功了，当你觉得自己已经成功了，你就很难迈向下一个成功，因为成功是成功的敌人。如同我经常告诫我们的老师们，永远不要认为自己已经很优秀了，因为职业的关系我们容易得到别人的赞美，到哪里都是别人的鲜花和掌声，但是“优秀”只是外界对你的客观评价，你一旦主观上认为自己已经很优秀了，你就很难再变得卓越，所以优秀也是卓越的敌人。

一次创业是“厚积”，二次创业是“薄发”。人生真正的成功都藏在二次创业的过程中。它就好比是我们人生的禁区，虽然充满未知、充满挑战，但也充满希望。只有有勇气走进去，你才有可能发现和挖掘到人生真正的宝藏。

如何进行二次创业?

为了方便大家理解，我把二次创业分成了两种类型：1. 另辟蹊径；2. 老树新花。所谓“另辟蹊径”就是换行业，所谓“老树新花”就是原行业。

这几年在我的课堂里，学员私下交流经常会问这样的问题，“你是‘一创’还是‘二创’？”“你是‘另辟蹊径’还是‘老树新花’？”这在厚德已经成为一种现象，我特别希望在未来能成为企业界的一个新潮流。

1. 另辟蹊径

另辟蹊径是指换个行业进行二次创业，这其实不是我们所推崇的方向。

所以如果要换行业，必须有两个前提：1. 这个行业不行了。行业出现负增长，整体开始下行，在这个时候要当断则断。2. 行业还可以，但是你不喜欢。我遇到过一些感性的创业者，一次创业已经实现了财富自由，能够承担应该承担的一切责任，这个时候会做出一些感性选择。以前的生意虽然赚钱，但是我并不喜欢；接下来我想做自己的喜欢的事情，找到那种享受的状态。除非具备这两个前提中的一个，否则我是极力不推荐“另辟蹊径”式的二次创业的。

这里我想多说两句。成年人的世界里，只有应该不应该，没有喜欢不喜欢。只有小孩子，才会天天把“我喜欢”挂在嘴上。应该做的事情没有做完，就没有资格谈“我喜欢”。大多数的创业者，其实并没有太多自由选择的权力，因为你有太多的责任要去承担，太多的义务尚未尽到。从你开始创业的那一天起，你就要比正常人承担更多的责任了，除了对家庭、对父母、对子女、对爱人，还有对员工、对顾客、对社会、对国家……

这个人我不想见，你就可以不见吗？这杯酒我不想喝，就可以不喝吗？这个事我不喜欢，就可以不做吗？……我们为什么要努力？努力的意义，就是为了获得选择的自由。而这种自由不是想做什么就做什么，那叫为所欲为、无法无天。真正的自由，是你在面对自己不喜欢的人和事的时候，你有说“不”的能力。

如果你的二次创业选择了“另辟蹊径”这个方向，那接下来你可以有两种具体的做法。

（1）加入一个成熟的团队（运营不投钱）

（2）投资一个成熟的团队（投钱不运营）

为什么必须要把“成熟的团队”作为前提条件？为什么不能“既投钱又参与运营”？篇幅关系无法展开，有机会我会在我的课堂上为大家作答。

2. 老树新花

这是我们所提倡的二次创业的方式。原因在本书后面的章节，我已经说得很清楚了。你所从事的行业，一定不是最赚钱的，但对你来说是最赚钱的，那就已经足够了。在这个不确定的时代，一定要做最确定的事情。

在中国大多数行业都是没有问题的，我们要庆幸身处一个最好的时代。需要改变的不是行业，而是自己的思维和做事情的方法。没有传统行业，只有传统思维。所有行业，换一种方法，过几年都值得被推倒重新做一次。

有人说任正非的成功不是一次创业吗？任老创办华为确实是第

一次创业，但是过去 30 多年的时间里，华为至少进行了两次二次创业。从最初的贸易型企业（卖产品），到生产型企业（做产品），这是一次二次创业。从生产型企业（做产品），再到研发型企业（高科技），这又是一次二次创业。这两次二次创业，都让华为发生了质的变化，只是“华为”的名字没变而已。

从哎呀呀到名创优品，我们看到了叶国富的成功是典型的老树新花。从智联招聘到 BOSS 直聘，我们看到了赵鹏的成功是也是典型的老树新花。厚德在 2020 年，开启了一场浩浩荡荡的二次创业，我们从“文化 - 组织 - 产品”三个维度进行升级，完成了厚德的再造，向大家展示了一个全新的厚德，这也是典型的老树新花。

所谓“老树新花”，就是行业还是这个行业、公司还是这个公司，甚至人还是这帮人、产品还是以前的产品，我们需要做的，是换一种新的思维去重新理解和定义这个行业，换一种全新的方法去把这件事重新再做一遍。

那到底需要什么样的思维？到底要换什么样的方法？在本书中，我将紧紧围绕“二次创业”的核心理念，给大家提供一套二次创业的“作战指南”。从“进化 - 机会 - 选择 - 融合 - 创新 - 目标 - 人才 - 组织 - 理念 - 学习”十个维度升级大家对新商业的认知，形成面向未来的，二次创业的逻辑闭环，为你重新定义创业。

第 2 章

进　化

三维空间，身处何处

升维思考，降维打击

产业升维，企业进化

在自然界中，物种会根据环境的变化而演化。有些变化和环境高度匹配，故被环境所选择，成为自然界中的“幸存者”；而有些变化，却不能适应环境，故被环境所淘汰，成为大自然的“弃儿”。在商业世界里，也同样遵循着这物竞天择的演化规律。

环境在变化，商业也在进化，改革开放四十年，一刻也没有停过。如果我们的认知跟不上环境的变化，就会被这个时代所淘汰。

家电行业，从最初的白电品牌崛起（海尔、长虹等），再到渠道品牌崛起（苏宁、国美等），再到以用户为中心的互联网品牌崛起（京东、小米等）；媒体行业，从最初的纸媒，到电视媒体，到互联网媒体，再到现在的自媒体；餐饮行业，从最初的大业态，店大、人多、品类多，到现在的小业态，店小、人少、品类精简；超市，从最初动辄上万平的大超，到 500—1000 平的小超，再到现在 100 平左右的社区店……

一切都在进化，你一定看到了，但却不一定看懂了。未来商业，是属于那些能够迅速洞察到本质、看到进化规律的人。它是一场认知升级的战争。在这里，我想先和大家讨论一下有关“商业维度”的认知。

三维空间，身处何处

按照以前我们对商业的理解，我们把中国所有产业划分成了三个维度，分别是：第一产业、第二产业、第三产业。第一产业是农业为主，第二产业是以制造业为主，第三产业是以服务和流通业为主。

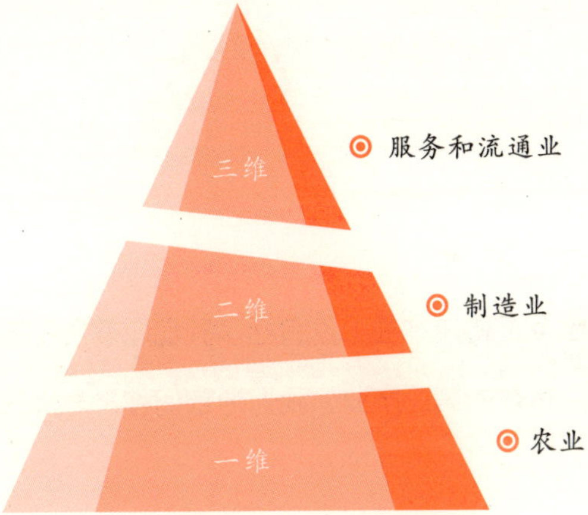

图 2　过去一产业划分的三个维度

我们接受这样的分类方式已经很多年，而在今天，我们必须拉高自己的维度，升级自己的认知，建立起一种更为全面的思维。只有这样，才能帮助你更透彻的看清当下自己所处的位置，以及更好的理解未来的商业。

在这样的背景下，我提出了一种全新的划分方法。按照产业结构，我国现在以及未来的商业可以划分为三个维度：

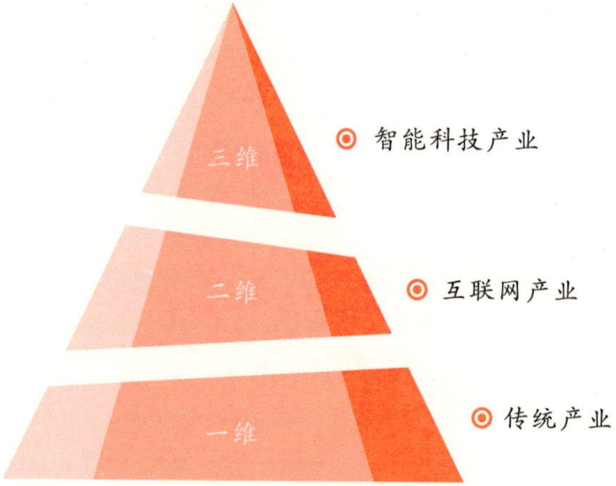

图 3　未来一产业划分的三个维度

第一个维度是传统产业：这包括了我们以前所说的第一产业、第二产业和大多数的第三产业，我们把它们称之为传统产业。这代表了过去。

第二个维度是互联网产业：这代表了过去浩浩荡荡的 20 年，不仅成了中国商业发展过程中的加速器，还彻底地改变了我们的生活。这代表了现在。

第三个维度是智能科技产业：代表就是人工智能、大数据和物联网技术。这代表了未来。

当你完成了认知升级，有了新的分析维度，我再带你去看看这三个维度的竞争格局。

在中国的现在，第一维度的传统产业正在面临重建，实体经济正在重组。在新技术的赋能和消费升级的推动下，传统企业的产品、渠道、生产方式都在面临着新的挑战。可以预见的是，在这样的背景下，接下来处于这个维度的传统企业将会面临两个浪潮：头部企业崛起的浪潮，小微企业退出的浪潮。传统行业将迎来“寡头时代”，两极分化的趋势不可抵挡。

第二维度的互联网产业已经划分完毕，就连一大批互联网公司也正在逐渐沦为“传统企业”。传统三巨头 BAT（百度、阿里巴巴、腾讯），加上后起之秀京东、拼多多、字节跳动、美团等全面占领市场，在这个维度，所剩的机会也已经寥寥无几了。但是进化仍未停止，从淘宝、京东为代表的传统电商，到拼多多为代表的社交电商，再到抖音、快手为代表的直播电商，每一次进化都孕育着无限的机会。只是，由于科技发展的不连续性和科技创新的不可预测性，我们很难判断下一轮的具体机会在哪里。是以 AR/VR 为核心，体验感更好的可穿戴设备？还是物联网技术为核心的，离用户更近的智能家居？有一点可以肯定的是，互联网的终局一定是万物互联，科技还会进步，互联网产业的进化仍在继续。

而第三维度的智能科技产业正处于蓬勃发展之中，空间无限。前有阿里、腾讯、华为，后有字节跳动、百度、科大讯飞。巨头疯狂布局，新物种不断出现，智能科技产业的崛起，必将对商业的进化产生重大的影响，并且逐渐改变着我们的生活。

其实这也代表了中国商业发展的三个时代，我们走过第一个时代，正生活在第二个时代，即将进入第三个时代。

有人说，这和我们有什么关系？我们接下来，一起看看这种变化对于现实的影响。

升维思考，降维打击

“升维思考，降维打击”，这句话好像火了很久。不同维度之间的战争，胜负是没有悬念的。当高维攻击低维，我们毫无招架之力。

如同霍金的警告，当我们对外星生物没有足够的了解，对外星文明毫无感知的时候，不要尝试去探索它，因为当一个不友好的高维外星文明发现地球有生命迹象的时候（从目前人类所看到 UFO 事件来看，他们的文明等级大多在我们之上），有可能会给我们带来灭顶之灾。人类自诩为高科技的社会，将在更高维度的外星文明面前，变得不堪一击。

如同百年前的那场战争，八国联军入侵，仅靠数千人就可以长驱直入，我们十余万军队形同虚设，溃不成军。有人说是因为清军不够英勇，国人不够团结。这样的说法愚昧至极，我们手握大刀长矛，面对敌人火枪火炮，英勇和团结又有何用？失败只是因为落后。

毛主席有着超出常人的智慧和远见，在日本发动全面侵华战争之初，就在《论持久战中》指出“这是一场旷日持久的战争”，而彼时还有人正在叫嚣着“三个月就能把日本人赶出中国”。毛主席看到了敌我双方的核心差异，中国还在农业社会，日本已经进入工业社会，这场战争的本质就是两个不同的国家、不同的生产力在对抗。中国虽是大国，但也难以在短期内取胜。

跨维度的战争就是一场不对称的战争，这个时候在对称战争中的一切战术统统失效。这场战争犹如人类有一天要向蚂蚁发动一场战争，蚂蚁世界中科技再发达、武器再先进、战术再高明，也无法抵抗来自更高维度的人类攻击，只能在夹缝中苟且偷生。

在商业上也是一样，如果高维度产业向低维度产业发起挑战，其降维打击的结果是毫无悬念的。我们已经经历了一场这样的“浩劫”，比如曾经的互联网对实体店带来的冲击，技术进步带来的商业重构，让我们过往所谓的效率优势瞬间消失，它们可以做到更方便、更快速、更便宜，很多传统企业就此走向衰落。

你们还记得曾经的沃尔玛、家乐福吗？动辄 3000—5000 平方米的大型卖场，动辄 10000—20000 个 SKU 的丰富选择，还提供免费的超市巴士接送服务……可是，你们已经多久没有去过了？及时性的产品，我们可以在罗森等社区便利店购买，如果对时间没有什么要求（不是马上就要用的），你可以在线上直接下单。你说你的品类丰富，互联网比你更丰富（不需要物理空间陈列）；你说你免费接送方便快捷，互联网可以做到都不用你来，我主动给你送到家；你说你价格优惠，互联网说，我比你更便宜……

沃尔玛和家乐福的落寞，本质上就是二维企业对一维企业的降维打击。遗憾的是，很多人到死了都不知道自己是为什么死的。哪里有那么复杂，本质就是落后，落后就要挨打，这是一个多么朴素的真理。

可以预见的是，未来智能科技领域的洪流必定会席卷互联网产业，这将是一场新的技术革命。这也是为什么所有的互联网头部企业，都在疯狂布局智能科技的原因。字节跳动为什么会获得这样的领先？在它身上我们已经看到了第三维度的影子，嗅到了未来商业的气息。严格意义上来讲，它已经不再是一家传统的互联网企业了，它正在逐渐占领一个更高的维度。

算法的应用，正在改变着我们在互联网上的购物习惯。从目录，到搜索，再到推送，看似漫不经心，却是商业进化的一大步。你能想象吗？在未来，我们所有的行为都会转化成数据，在互联网上沉淀下来，这些数据就好像原材料一样，被“智能工厂”用算法进行来料加工，然后得出一系列的结论：中午应该吃什么？什么工作最适合你？哪个人和你最般配……人工智能将比你自己更了解你自己。

不要觉得意外，这离我们并不遥远。你如果觉得诧异，说明你的认知已经跟不上商业的进化了。我们要做好足够的心理准备，因为未来你要迎接的可能是一场不对称的、跨维度的战争，你真正的对手，最可怕的对手，并不在你的视线之内。

产业升维，企业进化

2022 年上半年，因为新冠疫情的影响，在整个消费赛道一片萧条，但是瑞幸仍然交出了一份让人惊喜的答卷。2022 年第二季度，瑞幸净收入达 32 亿元，没有对比，就没有伤害。

同样是净收入，星巴克在中国市场下降了 40%，只有 36 亿元左右。星巴克和“中国星巴克”之间的差距，就剩下“仅仅”4 亿元；再看门店数量，2021 年 9 月份瑞幸就反超了星巴克，达到了 7195 家门店。瑞幸的崛起绝非偶然，它代表的是一股全新的势力。我做个预言：光靠“小资情调”“第三空间”的概念割了中国人 30 年韭菜的星巴克就此走向落寞，因为现在的年轻人已经不买它的账了；未来 3—5 年的时间里，以瑞幸为代表的国产咖啡品牌即将崛起，星巴克非但得让出“老大”的位置，甚至连前三都岌岌可危。

我对瑞幸的钟爱绝非“马后炮”，早在瑞幸在美遭遇退市、众人唾骂之际，我就力挺瑞幸。财务造假是不争的事实，但是不能就此把其钉在耻辱柱上，因为它绝对有可取之处。我甚至还说过，瑞幸这种模式只要能跑通，绝对会成为国产消费领域的顶尖品牌和绝对标杆。为什么我会如此看好瑞幸？因为我看懂了它的底层逻辑。

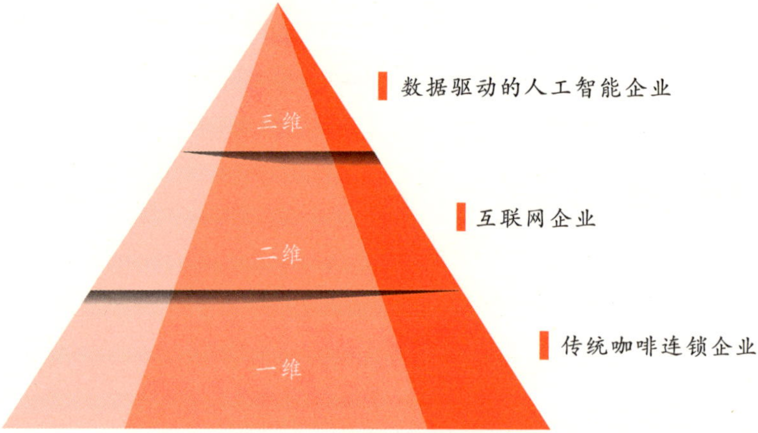

图 4　三个维度看瑞幸

从一维看瑞幸，它只是一家传统的咖啡连锁。这个角度看，并不性感，甚至会让我们联想到雕刻时光、连咖啡等传统的咖啡连锁品牌。瑞幸一边融资一边疯狂开店的做法，甚至还会让一些人感觉到“不适”。值得一提的是瑞幸的定位，大多数人以为它在对标星巴克的时候，它早已主动将市场下沉，瞄准“非顾客”这个更大的蓝海市场。与其去和星巴克抢夺那些已经养成喝咖啡习惯的小众用户，不如去开发和培育那些还没有养成喝咖啡习惯的、更加年轻的大众群体，致力于成为他们人生中的“第一杯咖啡”。事实证明，这种做法已见成效。

从二维看瑞幸，它其实是一家互联网公司。互联网公司最在乎的就是获客，最大的问题就是获客成本太高。而瑞幸以线下咖啡店为入口，用单杯 17 元左右的咖啡来引流，获得了精准的人群，你要知道，互联网的获客成本已经上升到了 200 元 / 人以上。从这个角度看，瑞幸的不凡已初露端倪。

从三维看瑞幸，它其实是一家数据驱动的人工智能企业。瑞幸在后台可以给用户打上最多 1200 个标签，来区分用户和分析用户，你的行动轨迹、下单时间、购买频次最高的产品、每次购买的数量，还有你的年龄、性别等等，借此来分析客户的消费习惯，以作为精准推荐的基础。从这个角度看，瑞幸已经完全碾压传统咖啡店，实现了“升维思考，降维打击”。

当然，这只是瑞幸的成功。其背后是陆正耀及其团队的技术储备和深厚的资本背景，并不是所有企业都具备这样的天赋异禀。传统企业、小微企业该如何做呢?

所有问题的复杂性，都是认知的维度太低造成的。只要认知能够升高一个维度，问题就会迎刃而解。我想说的是，在你的世界里看似无解的问题，在高维空间有可能根本就不是个问题。解决问题最好的方式，不是在问题本身，而是在你的认知。如同伟大的战略学家魏斯曼所说：问题的答案往往不在问题发生的层面，而是在与其相邻的更高层面。

在这样的背景下，在“升维思考，降维打击”这样的思维鼓吹下，“升维”就成了当务之急，于是各种培训如火如荼，各种知识付费应运而生。

但是，现在我要给大家浇上一盆冷水，让大家恢复理智。一维产业真的可以升级成二维吗？中小企业真的有机会进入互联网产业和智能科技领域吗？“转型升级”这几个字说来轻松，这不是喊喊口号就能够实现的，这是需要实力的，这个过程需要人才、需要技术、需要资金，而我们真的有这个实力吗？

谁都可以有改变世界的梦想，但真的不是谁都有改变世界的实力。

现实就是这么残酷，改变世界不能光靠梦想，更需要实力。回到“实力”层面，中小企业就心虚了。我们什么都有，但就是没有“实力”。

传统企业想成为互联网企业，或者传统企业家想干一家互联网公司，这是个不切实际的梦想。“互联网思维”盛行的今天，很多人好像觉得自己都懂了，好像觉得也没有那么难，但事实上根本不是那么回事。这可不是买本书看看，上几节课就能够学会的，隔行如隔山。互联网最热的时候，资本投资了上万家互联网公司，到现在还活着的，还剩 200 家左右。专业的互联网领域人才创业成功率不足 2%，你觉得你的成功率会有多少？人们比较容易看到最成功的那个个例，却看不到背后那1000 个失败的案例，这不是一叶知秋，而是典型的一叶障目。

到现在，我们仍然看到很多传统企业家活在一个不真实的梦魇中无法自拔。想干一个行业门户网站，那已经是 20 年前的事情了；想干一个什么 APP，那已经是 10 年前的事情了；想做一个什么公众号、小程序，搞个什么分销系统然后轻松卖点货，那已经是 3 年、5 年前的事情了……

回到现实中吧，这距离我们太遥远。还有人梦想着能成为一家智能科技领域的公司，这更不切实际。撇开所有其他因素不说，只看人才的问题。在整个中国，在人工智能、大数据、物联网领域的人才都很稀缺，高校的学科建设正在完成，人才培养体系才刚刚建立，而现有的、极其有限的人才，基本上被头部企业所垄断。简单点说，不要说是吸引人才了，而是你想要招个专业的人，都很费劲。在这样的背景下，你想进入这个领域，还想干一番事业，难于登天。

那市场上那么多打着“人工智能”、“大数据”、“物联网”、“数字经济”旗号的公司，该怎么解释？相信我，都是在玩概念，大概率是在割韭菜。时间会帮助我们去伪存真，能留下来的，寥寥无几。

不升维必死，升维又不现实，那我们应该怎么办？这就是尴尬的地方。大多数中小微企业的处境，就像我刚才说到的蚂蚁的命运，“在夹缝中苟且偷生”。

而我想说的是，这并不是一个拿不上台面的生存策略。毕竟，活着比什么都重要，也只有活着才会有希望。对于大多数处于这个维度的企业而言，事实上你也别无选择。

人生最大的智慧，是认命。中国大多数的企业，我们的生存空间就是、也只能在第一维度。每个维度都需要特殊的能力和资源支撑，你的能力没有进化出来，到了高维度的空间，也会因为不适应而死亡。当然，我不是在剥夺你们奋斗的权力，削弱你们改变命运的意志，我只是想强调一定要“认清事实”，进而才能有所为有所不为。无谓的抗争，就会带来无谓的牺牲。

回到生存策略层面，我们到底应该如何做？就是“做好自己当下的事”。做自己最擅长、最专业、最熟悉的事，和时间做朋友，然后在时间的复利下，看看有没有机会把它变成“奇迹”。世界变的越来越复杂，我们则要变的越来越简单。

如果你可以把自己最熟悉、最专业、最擅长的事做到极致，哪怕只是一个零部件，哪怕只是一门课程，哪怕只是一杯奶茶，哪怕只是一道菜，都足以在中国巨大的市场红利下创造出一个属于自己的奇迹。在没有做到极致之前，想法越少、越简单越好。

那“升维”的事情呢？不是放弃“升维”，而是当你没有成为最好的自己之前，保持简单和专注，先什么都不要想，因为想了也没有用。有一天你成了最好的自己，一旦你在第一维度的某个行业、某个细分领域做到了极致，成了头部企业，接下来，美妙的事情就会发生。这就是我想说的重点，也就是产业升维、企业进化的核心逻辑。

第二维度的互联网企业也好，第三维度的智能科技企业也好，他们的技术要落地，需要强大的产业基础或者具体场景做支撑，这是他们所不具备的，洋学生也干不了地里的活。于是，他们就要在第一维度中找到优质的企业来做支撑，你要做的，是努力成为他们的“最佳选项”。

“但行好事，莫问前程”，只有安心做好当下的事，做好自己最擅长的事，并且把它做到极致，让它成为头部水平，才有机会“被选中”。

对你来说，要进化出互联网企业、人工智能企业所需要的能力，实在是太难了。最快速获得这种能力的方法不是自己去培养，猪是上不了树的，就是你勤能补拙、笨鸟先飞学会了，成为猪中的翘楚，也会非常失望地发现，原来你还是爬不过猴。获得这种能力最好的方法，是去融合，通过融合迅速实现自己的能力跃迁，进而完成企业的进化。

消费互联网是二维的企业整合了一维的企业；产业互联网的本质，是以一维的企业为中心，融合了二维和三维的企业，才能实现真正的宏图伟业。

融合的方式有很多种：第一，被高维空间的企业收购；第二，被高维空间的企业投资；第三，吸引到高维空间优秀的人才加入……只有通过这样的方式，才能获得能力上的跃迁，进而实现企业的进化和产业的跃迁，进入到更高维的空间。这就是企业进化的背后逻辑。

还记得高举“互联网 +”的那十年吗？那是中国企业从一维迈向二维的十年。对“数字经济”这个词还陌生吗？接下来将是我们从二维迈向三维的十年。在每一波升级的浪潮中，都伴随着一大批企业的崛起。

当你进入高维空间，你才有机会去俯瞰你奋斗了一生的这个行业。事实上在任何一个传统行业，只要有一家企业完成了这样的进化，都有可能对所有企业造成极强的冲击，打破产业原有的格局，引领行业的一场革命。

第3章

机　会

传统机会，越来越少

新的机会，正在形成

是真的没有机会了吗？你认为传统电商中淘系和京东两分天下，没有机会了，结果拼多多弯道超车，异军突起。你认为创业开咖啡厅是个坑，传统的咖啡连锁品牌也逐渐走向落寞，可是瑞幸却独树一帜，开了 7000+ 门店。你认为疫情当中线下实体生意肯定不好做，可是蜜雪冰城却逆势成长，定位下沉市场，聚焦年轻人，2021 门店数量突破 20000 家，营收过百亿……不是没有机会了，而是新的机会很多人开始看不懂了。

在这个章节，我想和大家讨论讨论“机会”，这关乎我们二次创业的起点。真的没有机会了吗？未来的机会是多了还是少了？未来的机会在哪里？

传统机会，越来越少

不管是从表面上来看，还是从经济发展的规律上来看，机会一定是变少了。当国家的经济越来越发达、商业越来越成熟，机会就会越来越少。如同今天的欧美和日本。

我们的感受就是生意已经越来越难做了，在互联网上有一种“末日危言”不绝于耳，说我们即将进入一个“无生意可做”的时代。这种言论确实过激，但是却能够激发起大家强烈的求生欲。

在过去，我们创业的机会大多是基于两个前提：1. 市场有需求，2. 信息不对称。但是这两个前提正在慢慢消失，这就意味着，你以前的创业逻辑，将不再适用于未来商业。什么叫“传统机会”？就是基于这两个前提的创业机会。

中国在改革开放之初，甚至一直到 90 年代，都是一个物质相对匮乏的时代，在那个时代，我们有很多的需求不能被满足。这些被压抑的需求，借市场经济释放了出来，造就了一波巨大的红利。

什么意思呢？在那个时代，你开了一家饭店，只要还说得过去，生意都不会差，因为人们没地方吃饭，周围可选择的饭店也没几家。想吃饭的人多，可是街上的饭店少；需求大，供给少。而现在呢，开饭店变得越来越复杂了，你得把地方选好，把装修搞好，把菜做好，还得把服务做好……即便你做得很好了，也不一定能成功。不是你开饭店的能力变差了，而是开饭店的环境变了。人们现在不是没有地方吃饭，而是到了吃饭的时间就开始了选择综合症，今天吃什么呢？去哪家吃呢？人们的选择变的越来越多了。需求是变大了，但是供给变得更大了。

中国进入了一个过剩的时代，而且不是局部的过剩，是全面过剩。从整体上来看，中国接下来很长一段时间的机会都是在“消除过剩”，只要是在“制造过剩”，不管你把项目包装的多么华丽，战术多么高明，从战略上来看，都是失败的。

传统创业的第一个前提“市场有需求”，正在慢慢消失。首先，并不是需求没有了，需求哪怕再增加，机会相对也会变少，因为供给过剩了，竞争越来越激烈了。其次，人们显性的需求，在上个时代已经被满足了，在今天要学会挖掘客户的隐性需求，这件事情的难度开始增加。

传统创业的第二个前提“信息不对称”。在过去，商品从工厂流通到客户手上，效率是极低的，买卖双方无法匹配、支付问题难以解决、物流效率极其低下。“信息流、现金流、产品流（物流）”都没有打通，我把它们称之为传统商业的“三座大山”，这“三座大山”极大地限制了商业的效率。过去 20—30 年的时间里，商业的变革都是围绕这“三座大山”进行的，本质上就是通过技术的变化优化了整个商业的结构，提升了整个商业系统的效率。

但正是因为这些问题没有被解决，所以才出现了很多的机会。传统商业的流通，需要大量的代理商、经销商、流通商、贸易商……很多人的一次创业，就是靠做这个起家，其实没有什么门槛，更不要谈什么技术含量了，它只是时代的产物。传统企业的老板长时间活在“低进高卖”的思维框架中，对他们而言，信息越不对称，他们的机会就越多，利润就越高。

但是接下来会很残酷。当在线支付的问题被解决掉，现金流的问题没有了；当互联网获得了蓬勃的发展，信息流的问题也被解决了；当三通一达和顺丰崛起，物流的问题也不复存在。那以前做流通、做贸易的那帮人，存在的意义又在哪里呢？

当然，并不是就一定活不下去了，而是你也要开始寻求改变。如果还是抱残守缺，那在未来的商业里，一定没有你的生存空间。

为什么可以赚到"差价"？要知道，这是几乎所有中国企业的主要利润来源。就是因为"信息不对称"，所以你才有 5 块钱把产品进回来 50 块钱卖出去的机会。作为商人来讲，我们希望是的是信息不对称，因为只有这样，我们才能对消费者形成"信息红利"。可是这对消费者来讲是不公平的，只有信息越来越对称，才能最大化的保障他们的权益。你看，过去的商业，就是一场零和博弈，你想多赚钱，就必须让消费者多掏钱。你一定要相信，那不会是常态。商业的进化一定是沿着"客户价值"这条主轴，遵循"效率第一"的规律，慢慢回归本质。

我们正在进入一个"消费主权"的时代。什么叫"消费主权"呢？就是以前是我们在左右客户的消费，为什么我们能够左右他的消费呢？因为信息不对称，因为他不懂，因为他不专业，所以你说什么就是什么，你说多少钱，就是多少钱。但是，现在消费者开始"起义"了，他们开始尝试主导自己的消费。他们获取信息的渠道越来越多，他们对于产品的了解越来越深，他们每个人都开始有了自己的消费主张，对于价格他们更可以随时随地地掏出手机“扫码找同款”。我们对他们的“信息红利”消失了，他们获得了消费的主权。

互联网对你带来的最大的伤害，不是让你的客户变少了，而是让你的利润变低了。这对你来讲不是好事，但是对整个商业，乃至对整个社会，都是一件好事，也是必然的发展趋势。

互联网的发展，本质上就是最大化的消除了中国商业的信息不对称，进而开启了中国商业的一场效率革命，推动了中国商业发展的进程。我从来不怀疑互联网的贡献，不知道为什么有那么多人一方面在享受着互联网带来的便利，一方面还能大言不惭地否定和不遗余力地攻击。你要知道，这是一个时代，我们能做的，就是如何借助这个时代，放大自己的优势，而不是与之对抗。

供给过剩了，所以竞争变得越来越激烈了；信息对称了，所以利润变的越来越低了。这也是目前很多中小微企业的困局：要么产品卖不出去，要么卖出去了也赚不到钱。我很多次在课程现场说道：不是我们要不要变革的问题，是已经到了一个不得不变的阶段，如果按照你现在的状况继续下去，你能看到未来的希望吗？坚持下去的意义又在哪里？

过去传统创业的两个前提变化了，所以过去创业的方式行不通了。严谨地讲，如果还是用传统的思维、用以前那套打法，你确实很难再发现机会，甚至会面临“无生意可做”和“无业可创”的境地。

既然拿着手上那幅旧地图，再也到不了新地方；那二次创业不妨换一张新地图，看看有没有可能发现“新大陆”。

新的机会，正在形成

是不是真的没有机会了？显然不是，是新的一轮机会正在形成，只是很多人看不懂了。所以，接下来看热闹的人开始逐渐散去，“职业选手”开始批量进场。

创业往往是源于一个机会，那机会从哪里来呢？机会往往孕育在变化当中。

当环境发生某种变化的时候，要么就是原来不能做的事情具备了可能性，要么就是原来的业务用原来的方法逐渐丧失了可能性。从这个意义上来说，机会往往和某个特定的时间窗口相连，这就是我们说的“过了这个村，就没有这个店”。阿里的成功，腾讯的成功，包括联想和华为的成功，其实都是特殊的时代背景下，那个特殊的“时间窗口”所成就的。既然机会来自变化，那中国现在的机会多不多？

为什么中国会成为全世界创业最热的土壤？首先就是因为中国社会发展快、变化多，所以呈现出来的机会也多；再者，是因为国家的重视和大力的支持，“双创”的大背景下，中国已经进入了一个“人人都能当老板”的时代。这是国家发展和时代发展的双重红利。

我们这代人应该庆幸：我们不仅生在了一个伟大的国家，更生在了一个伟大的时代。在这个时代，不应该有怀才不遇和生不逢时的故事，因为这个时代是一个可以让你尽情展示自己的大舞台。我们正处于一个“暴富”的窗口期，只要有点见识和胆识，能吃苦、脑子不笨，都可以在这个时代获得成功。在这个遍地都是机会的时代仍然赚不到钱的，要么就是笨，要么就是懒，这是一个不应该有穷人的时代。

年入百万的人多不多？正在读书的你能否达到？如果你达不到，身边有多少人已经实现？你要知道，90 年代的万元户都是凤毛麟角，而今天，遍地都是“百万富翁”。你要相信，往前推 100 年，不会有这样的机会；往后推 100 年的，也不会有这样的机会，我们正处在一个可以“暴富”的窗口期。我们这代人奋斗一年，可能会顶我们的儿子奋斗 5—10 年，顶我们的孙子奋斗 10—20 年。遗憾的是，很多人身处这个了不起的时代，却丝毫无感。所以，今天的你，要加倍的努力，你可能正在肩负着改变家族命运的使命。也只有我们这代人，完整的见证了中华民族实现伟大民族复兴的整个过程。

既然创业是来自机会，机会又是源自变化，那中国社会正在发生哪些变化呢？

我无法在本书中阐述这种种变化，因为这些变化无处不在，而且时刻都在发生。但是我想强调的是，一个创业者应该具备灵敏的商业嗅觉，这种“嗅觉”，就是体现在感知变化的能力上。

将我在课程中和大家分享过一句话送给大家：一个企业家最重

要的能力，就是洞悉环境变化的能力；一个企业最重要的能力，就是持续不断的和环境互动的能力。

我举个例子，有人说医药改革搞得我们都没法活了，课外辅导班都不让办了我们还能有什么机会，新能源汽车的崛起我们传统汽修行业的交易额逐年递减……这个世界上凡事都有阴阳两面，事物都是此消彼长。医疗改革不是不让买药了，人们花在医院的钱不会因此而减少，甚至还会增加，只是游戏规则变了，所以你接下来看到的一定是一批医药企业迅速崛起，大量不能适应新规则的企业开始退出。限制孩子参加文化类的课外辅导班绝不是末日到来，家长在孩子的学习上的投入不会因此锐减，孩子花在课外学习上的时间更不会减少，一定会有一个新的市场正在形成。新能源汽车变多了，传统燃油车变少了，人们就不修车了吗？在发动机和变速箱上的维修投入开始减少，会不会在其他方面的投入增加？

只是，你看到这些变化了吗？你能发现背后的新机会吗？

接下来，我讲几个关键词，描述一下未来的机会，这是显而易见的大势。

机会一：传统行业

这是我特别要强调的一个观点，这也是给传统企业家的一个建议：不要吃着碗里的，看着锅里的，要集中精力做好自己最熟悉、最擅长的事情。只有这样，才会获得最好的机会。上个章节，我就讲过这个观点。

为什么还要强调一下？因为中国的企业家有个通病，总觉得别人的行业好做、别人的产品好卖、别人的买卖赚钱。不把自己的精力放在主营业务上，而是天天想着走捷径，公司业务越做越多，战线越拉越长，结果把自己活活拖死。大多数人的结果就是什么都想做，什么都做不好，一回头主业也被荒废了。

企业家要有干一行爱一行的精神，任何行业都有可能出现伟大的企业。但是如果心不定，最终一定是高不成低不就。自己熟悉的事情都干不好，还去想着分别人的一杯羹，可能吗？要想干好一件事，先得修炼出强大的定力。

中国为什么缺乏产业明星？就是因为缺乏这样的战略定力。市场上什么赚钱就做什么，只要是稍微大点的企业，房地产火的时候都在拼命拿地，没有做过房地产的寥寥无几；后来资本市场火了，又开始转战资本市场；大健康火起来了，结果又成群结队地去搞大健康……我所看到的，只有华为、福耀玻璃、比亚迪这样的企业，把自己的心牢牢定在一个地方，如如不动，集中火力猛轰一堵墙，才能取得今天这样的结果。

中国的创业者现在太浮躁，想法太多。想法多，不见得是好事，不仅会分散你的精力，还大大增加了我们经营的风险。我在课程现场经常和学员分享两句话："你所从事的行业一定不是最赚钱的；但是它对你来说一定是最赚钱的，这就够了。"

最赚钱的行业不一定是你最熟悉的行业，但你最熟悉的行业一定是你最赚钱的行业。那个你所看到的最赚钱的行业，你去做有可能就不赚钱，甚至赔钱。进入陌生的行业，相当于进入一个“雷区”，很多人都是在“以身滚雷”，结果可能就是“死无全尸”。全球化的本质是专业化，专业化是克敌制胜的法宝，心定不住就永远无法打造出自己的核心优势。

疫情给我们带来了很多的不确定性，其实确定性从来不是来自外界，而是来自我们本身。在这个不确定的时代，做什么生意最保险？一定是做最确定的、最有把握的、你最熟悉的。

首先，没有做不好的行业，只有做不好的企业。一个行业就是再难做，只有人做好了，只要有人赚到钱了，我们就认为这个行业是可以获得成功的。而你做不好，就是你的问题，这和行业没有关系。

再者，一个行业好不好，你我说了都不算，我们要先看一个客观的数据——行业增长率。如果一个行业在增长，你怎么能说这个行业不行了呢？坏消息是大多数行业的增长率都在变慢，但是好消息是中国目前大多数行业都在增长。行业在增长，企业在下滑，这不是行业不行了，而是有些企业跟不上了，不要张冠李戴。

事实上，中国目前已经没有传统行业了，只有传统思维。所以，不要再轻易地给自己贴上“传统行业”的标签。不是传统行业不好做了，而是做传统行业的这帮人跟不上了；不是生意变得难做了，而是我们过去的方法行不通了。在今天，任何行业你只要用一种新的思维去重新理解它，用一种新的方法论去重新定义它，所有行业都值得并可以被推倒重新做一次。

我们认为面膜同质化太厉害了，好像没法做了，结果微商用5年的时间把这个单品又重新做了一遍。几乎所有的微商，都卖过这个产品，而且都赚到了钱。

我们认为传统白酒没有机会了，连头部的企业渠道都开始萎缩，小企业更是难以为继，全国规模以上的酒厂数量锐减。但是我们看到宣酒在李健董事长的带领下用“定位”的方法论，硬生生的将宣酒从一个地方性的小酒厂，做到安徽白酒的前五名，并在中端白酒市场占领了一席之地。我们看到江小白用互联网的方法论让“青春小酒江小白”的概念火遍了大江南北，在年轻人的市场占据了一席之地。我们还看到张传宗董事长用“社群+裂变”的打法，让肆拾玖坊在短短几年的时间里异军突起，据说2021年营收突破30亿，已经拿到了A轮6亿元人民币的融资。

宣酒、江小白、肆拾玖坊算不算传统企业？做T恤的白小T算不算传统企业？做毛巾的最生活算不算传统企业？做扫地机器人的石头科技算不算传统企业？做奶茶的蜜雪冰城算不算传统企业？做方便面的拉面说算不算传统企业？……行业和行业的界限都已经很模糊了，你还在努力的区分传统行业和非传统行业。我告诉你一个秘密：你越认为自己普通，就会变得更加泯然于众；你越认为自己不凡，你越容易超凡脱俗。

我们说接下来的机会在产业互联网，机会指向传统行业。那些在某个领域深耕了十几二十年，积累了大量的上下游资源、具备了一定的产业基础、拥有丰富的产业经验的企业，就是产业互联网的一座座“金矿”。

我们说接下来的机会在“体验”而不再是“效率”或者“性价比”，机会还是指向传统行业。只有那些在线下深耕了十几二十年的企业和门店，才能更好地洞察用户的需要，创造独特的体验。

对于 90 后、00 后的年轻人而言，他们本就是互联网的原住民，效率和性价比对他们来说并不稀奇。不像我们这代人，生在一个匮乏的时代，对于方便和实惠充满着天然的渴望，所以才会对互联网趋之如鹜，对电商情有独钟。Z 世代的年轻人，他们匮乏的是体验，他们渴望的是“爱”，所以，商业的焦点一定会重回线下。谁能够给他们创造无与伦比的体验，谁就能虏获年轻人的芳心。这一切其实有迹可循，从超级文和友到茶颜悦色，都是在“体验”的竞争中获胜的产物。我在下文“消费升级”会详细讲到“体验”在未来商业竞争中的重要性。

总之，我要恭喜你们，那些曾经自诩为“传统行业”的创业者，无需悲观，只需醒来。因为你们正守着一座巨大的金矿。接下来，你们将会成为主角。

机会二：本土化

我们过去所听到的“内循环”也好，“国货崛起”也罢，其实都在昭示着一股力量正在形成，这就是“本土化”的力量。

中国从改革开放开始，历经 30 年的时间，构建了以“外循环”为主的经济体系，我们的出口总额已经是全世界第一。从 2008 年开始，我们开始构建另外一个经济体系，这就是“内循环”，这和下一个机会“消费升级”是密不可分的，也是中国人均 GDP 提升、人们对物质生活提出更高要求的必然产物。如今，我们已经成为全世界第二大进口国，超过美国，也是指日可待。

中国拥有全世界最大的内需市场，这个市场比以美国为首的西方主要国家加起来的人口总量还要大，这也成了中美博弈过程中，我们手中最重要的底牌。14 亿中国人，每年光吃可以吃出 5 万亿的 GDP，养活超过 5000 万的餐饮人，这是一个多么巨大的市场。

“本土化”的趋势不仅和中国巨大的内需市场有关，和正在逐渐成为消费主力军的 90 后、00 后也有着密不可分的关系。他们不再崇洋媚外，有着更加独立的消费观，这对于民族品牌来说，是巨大的利好。

我曾经和朋友讨论过谁更爱国的问题，是 60、70 后，还是 90、00 后？（80 后是摇摆的一代）很多人认为中国的年轻人是“垮掉的一代”，他们接触外界的信息更多，对国家没有太多的感情色彩，缺乏吃苦耐劳的精神，以自我为中心，动不动就“躺平”……但是我们忽略了另外一个事实，他们是真正完全享受到了国家发展的巨大红利的。正是因为信息来源渠道多，造就了他们更加独立的思想；正是因为他们没有吃过老一辈人的那些苦，所以他们深知祖国的伟大。在“民族自豪感”这件事情上，他们是完胜前辈们的。

而 60、70 后，则不完全，他们经历了太多的坎坷，他们的创业之路大多崎岖，这帮野蛮生长起来的前辈们，其实内心有着更多的“抱怨”。“崇洋媚外”的现象什么时候最盛行？哪代人尤盛？可以确定的是，绝不是现在，也绝不是这代人。

从汉服风的盛行，到安踏和李宁的崛起；从鸿星尔克的非理性消费事件，到近期发生的白象事件，足以说明这一点。这代人的内心深处，有着更多的民族认同感和民族自豪感。

在烘焙这个赛道里，西点的发展已经几乎触顶，年轻人不再对那些看上去精致的西式点心趋之若鹜。取而代之的，是中点的崛起，虎头局、泸溪河成为这轮变化中的赢家。在快餐这个赛道里，以肯德基、麦当劳为代表的洋快餐时代已经过去，老乡鸡、真功夫等一众民族快餐脱颖而出。更值得一提的是，饺子、面条、烧烤等这些极具中国特色的细分赛道开始井喷，孕育着一股巨大的力量，像喜家德、五爷拌面、木屋烧烤这样的本土品牌，接下来会越来越多。

在其他领域，同样的故事也在发生。手机市场从欧美的诺基亚和摩托罗拉，到日韩的三星和索尼，到美国的苹果，再到中国的华为、小米大放异彩，这是多么让人振奋的一件事情。汽车市场，从奔驰宝马，到本田丰田，到现在的国产汽车百家争鸣。中国的汽车工业正在利用“新能源”这个契机弯道超车，不久的将来，必将诞生一批世界级的汽车制造企业。

“本土化”的力量不仅体现在消费端，还体现在了供给端。中国历经几十年的努力，成功成为“世界工厂”，并具备了全世界最多、最全的工业类目，拥有了完备的产业链。这为我们的创业，提供了最肥沃的土壤。你要做个产品，不用出国，不用出省，不用出市，甚至都不用出你这个镇，你就可以找到所有的配套厂家。

纵观过去发展的 40 年，我们成果斐然，但是也有很多的不足，有些不足甚至让人心痛。看看超市货架上的日用品，几乎被联合利华和宝洁垄断；看看年轻人的穿着，从头到脚都是阿迪达斯、耐克；看看我们喝的饮料，到处都是可口可乐、百事可乐；看看女孩子用的化妆品，全是资生堂、雅诗兰黛；看看大街上开的车，满眼都是奔驰、奥迪……庆幸的是，我们正在经历国产品牌的崛起，在各个领域，国货都开始崭露头角。但我相信，这绝不对不是终点，而是起点。下一个 10 年，应该是中国品牌集体“出海”的 10 年。什么时候，在美国、欧洲、日韩的超市里，出现大量的中国品牌，在他们的街上满大街跑的都是中国车，我们就真的强大了。

当然，我们还有几个重点领域没有突破，比如芯片。这会让我们在发展的过程中受制于人。我也曾问过极其专业的人士，芯片的难度恐怕超过了很多人的想象。但是中国从来不缺奇迹，我们正在用举国之力争取打赢这一场攻坚战，我预计 5 年左右的时间，我们定能取得重大的突破。“中国芯”问世之日，必是举国欢腾，举世震惊。

机会三：消费升级

其实“消费升级”是个伪命题，因为人类社会发展到现在，每个阶段都在“消费升级”，这不是这个时代的专属特征，但是为什么在今天会被放大，变成一个重要的趋势呢？因为在这个阶段，升级的速度太快了，快到超过历史上的任何一个阶段。前面我们说过，机会就是源自变化。这种巨大的、快速的变化，蕴藏着无限的机会。

我们要先搞清楚三个问题：为什么在中国的今天，会发生这样的一轮的消费升级？这一轮消费升级背后的推动力量是什么？这会给我们带来什么样的影响？

首先，为什么在中国的今天，会发生这样的一轮的消费升级？

在上一轮全球化的浪潮中，中国成为最大的受益者；接下来在逆全球化的浪潮下，我们想要继续维持增长，最大的增长来源就是靠内需来拉动，这就是我们几年经常听到的“内循环”。中国拥有 14 亿的人口，这个人口规模比以美国为首的主要西方国家加起来还要多，但我们的消费规模却落后于欧美。中国人口占世界人口近 18%，最终消费的世界占比仅为 12.1%，有着明显的增长空间和增长潜力。

可是消费是和人口息息相关的，我国的人口预计会在 2025 年左右达到峰值，从 2026 年开始出现负增长，同时老龄化的问题也日趋严重，这都是影响消费增长的不利因素。这样的背景下，如何扩大消费呢？只有一种可能性，就是增加每个人的消费。举个例子，在出生率越来越低的背景下，母婴行业为何还能保持高增长？原因很简单，就是每个婴童身上的消费增加了，以前我们喝 50 元一罐的奶粉，没钱的喝米汤，现在不一样了，孩子们喝的都是 200、300 元一罐的奶粉。

这个变化不仅发生在母婴领域，而是在我们生活的方方面面，千万不要把这种现象简单理解成“涨价”或者是正常的通胀，这完全是两回事，要去理解这背后全新的逻辑。

其次，这一轮消费升级背后的推动力量是什么？

奶粉从 50 元一罐，涨到 300 元一罐，大家会消费吗？这里就出了一个新的问题，要让大家的消费升级，就得先让大家的“钱包升级”，也就是收入增加。你收入只有 2000 元 / 月的时候，只能解决温饱问题；只有收入过了10000元/月，才会想到如何改善生活。

中国人现在到底有没有钱呢？和那几个发达国家相比，我们确实还有差距；但如果和 40 年前的我们自己相比，那简直就是天壤之别。从人均 GDP 来看，1978 年，中国还在低收入国家之列，是全世界最贫穷的国家之一；1993 年，中国达到中等偏下收入国家水平；2009 年，我们达到中等偏上收入国家水平，同时经济总量超过日本，成为世界第二；2019 年，中国人均 GDP 首次超过

10000 美元，达到 10262 美元，这是一个历史性的时刻。不出意外，中国将在 2025 年达到世界银行 2019 年最新的高收入国家标准（人均 GDP 12535 美元），跨入高收入国家之列。在这个过程中，中产阶级迅速崛起，据不完全统计，中国现有 4 亿中等收入人群，这个人群的规模还在不断扩大，预计到 2025 年可以达到 5 亿。这一群人，才是中国未来消费市场的主力军，我们正在进入一个“得中产者得天下”的时代。

在接下来这个阶段，必须充分发挥“库兹涅茨”效应，增加中等收入人群的规模，才能促进消费的升级，更好的刺激消费；而消费规模的增加，和接下来我们的经济稳定和发展息息相关。

最后，这会给我们带来什么样的影响？

人均收入的增加带来了中产崛起，中产崛起的背后带来了消费升级，而消费升级的背后则带动了无数产业的升级，这就是我们的机会所在。

举个例子，以前市场的主流是 3—5 元的果汁饮料，后来变成定价在 10 元左右、保质期只有 10—20 天的 NFC 纯果汁，而现在，定价在 20 元以上的鲜榨果汁和果茶又成了市场新宠。我们不应该只看到价格的变化，这种趋势性变革正在倒逼很多传统产业链的价值链进行重构。从种植、到仓储，从生产方式、到冷链物流，整个产业因此发生变化。

2025 年中国的中产阶级规模会超过 5 亿，这个人数已经超过美国的人口，你猜，到时候会发生哪些变化？出现哪些机会？到 2035 年，我们的人均收入会超过 2 万美元，你猜，到时候又会发生哪些变化？又会出现哪些机会？

我们来看一个小的领域发生的变化：在方便面这个赛道上，传统巨头康师傅在 2016 年销售额 221.3 亿元，同比缩水 10.34%。为什么会缩水呢？因为在这一年，以拉面说为代表的一众新品牌开始崛起。康师傅的单价在 5 元以下，而拉面说的单品在 10 元以上。而这个赛道上另一巨头统一在这一年的方便面业务却获得了 8.6% 的增长，这主要是因为，统一推出了“都会小馆”“相拌一城”“满汉大餐”等 5 元以上的新品。

现在，5 元以下的方便面市场在变小，对应的是 5 元以上的方便面反而卖得越来越好。奇怪吗？

康师傅为了适应新的竞争，满足消费者个性化的需要，迎合消费升级的趋势，在 2018 年底也推出了自己的高端产品线 Expresss 速达面馆。速达面馆煮面系列定价 66 元 /4 盒，大肉块泡面则能卖到 113.9 元 /6 盒。

这个策略的效果可谓立竿见影。2020 年，康师傅营收 676.18 亿元，同比增长 9.1%。而这其中很大一部分的增长是来自于高价的袋泡面，这个产品 2020 年卖了 130.66 亿元，同比增长 28.12%。

一袋泡面，在消费升级的趋势下，正在发生翻天覆地的变化。

发生变化的，又何止是方便面。

新商业的创新将紧紧围绕新生代、新中产展开。如何让他们更有存在感、仪式感、幸福感和潮流感成为新命题。他们的购买标准已经变了，那些还在每天想着价格战，在中低端市场血拼的企业，利润会加速下滑，日子会越来越难，因为这样的企业、这样的产品可替代性太强了。

那怎么理解这一轮的消费升级呢？我用四个关键词，来告诉大家一个方向：高端、专业、体验、情感。

第一个关键词叫“高端”。我极力主张中小企业锁定高端，在未来，最好的市场一定是高端市场。不管你做什么行业，高端市场永远是利润最高的市场，这是毋庸置疑的。在一个行业里可能只有 10%的客户是高端，但是他们却普遍贡献了这个行业 50% 以上的利润。伴随着消费升级，高端市场所占的比例也会越高。

有人说，高端市场太难做了。错，你开发 10 个 100 万级别的客户，和开发 1000 个万元级别的客户，所付出的时间和所要面对的困难都是一样的。差别就在你最初的那个选择，在你最初的定位。这就好比扣扣子，如果第一粒扣子扣错了，余下的扣子都会扣错。

全球最大的广告传播集团 WPP 做过一个研究，在中国 TOP100 的品牌当中，所谓的成功的品牌 40% 是超高价定位的，24% 是高价定位；在失败的品牌中，高价和超高价只占 5% 和 9%。

这是在告诉我们一个事实，伴随人们生活水平提高和新中产的崛起，消费升级的浪潮愈发清晰和猛烈。高端市场虽不是最大的市场，但一定是最好的市场。如果我们有机会切入高端市场，那就绝对不要做中端市场，更不要去碰低端市场。

换个角度，越是经济下行，越要做高端生意。因为越是低端的人群，受经济环境的影响越大。经济一旦开始下行，谁的收入先受到影响？谁先失业？谁最先被波及？高端人群的抗风险能力显然更强，因为他们永远处在食物链的顶端。即便在经济下行的时候，他们也不会轻易降低自己的生活水准。即便受到了经济环境的影响，他们最多也只是减少消费而已，你不用担心他们的消费一下就消失了。

锁定高端的背后，是人们的追求从“物美价廉”到“精致主义”的改变。你只有深层次的洞察到这需求的变化，才能把握住未来的商机。

有人可能会质疑，说那小米是怎么成功的？请问，小米是中小企业吗？它的打法适用于小微企业吗？雷军深受 Costa 影响，追求极致性价比，这是典型的成本领先战略。这种低毛利率的打法在市场上很有杀伤力，但是倒逼企业必须实现组织高效率和供应链低成本，否则难以为继，而在高效率和低成本这两件事上，中小企业毫无优势。

是不是低端市场就没有机会了？我想说的是，高端市场的机会更多。我们要了解这两个市场的差异，高端市场容易做强，低端市场只能做大。高端市场利润高但是规模小，低端市场利润低但是规模大。中国现在有一种新的“人口红利”，南京一年吃掉一亿只鸭子，武汉一年吃掉 30 亿只小龙虾；中国现在有 40 万家火锅店，超过 50 万家奶茶店；中国有超过 12 亿人没有出过国，有 10 亿人没坐过飞机……你说这些市场大不大？下沉市场带来了全新的商业高地，不光是拼多多，太多人想挖掘这个市场的潜力了。只不过我们要清楚地意识到，想要在下沉市场获得一场真正的胜利，必须以量取胜。在低端市场，只要没有形成规模，就会活得很累。

第二个关键词叫“专业”。做出高端的定位并不难，难的是能不能有与之匹配的战略能力。不是把包装换一下、价格涨上去就是高端了，对市场和客户缺乏敬畏心的企业绝不可能获得持续的发展。你要解决的问题是，你的产品能不能做到业内一流？你的服务能不能做到行业最佳？你有没有打造品牌的能力？你能不能提供最好的解决方案？你能不能创造最好的用户体验？你有没有与之相匹配的资质？归根结底，你要成为这个领域最高端的，一定要先让自己成为最专业的。理想是美好的，现实是残酷的；一旦定位与能力不匹配，生意就成了伪命题。

上个时代对于专业的要求并不高，一是因为竞争没有那么激烈，大家的水平都差不多；二是因为消费者也不专业，完全被我们左右。但是在这个新的环境下，在“消费主权”时代，这一切都变了。你必须把自己变得越来越专业。

要专业到什么程度呢？要把公司变成学校、把客户变成学生、把自己变成校长或者老师。他有不懂的，第一个想到的就是来问你，因为在他心目中，你是最专业的。什么时候生意会变的好做？就是有一天客户不再叫你张总，而是开始叫你张老师，接下来就好办了。专业永远都是建立信任最快速、最有效的方式。

当然，如果我们要做到专业，就必须建立在一个前提上，就是"聚焦"。毕竟一个人的时间有限，如果分散在很多事情上，就很难让自己变得专业。如果你把所有的时间都集中在一件事情上，伴随时间的累积，你一定会变得越来越专业，直至成为这个领域的"专家"。

一个餐厅之所以生意好，绝不是因为所有的菜都能拿得出手，而是有一两道菜很惊艳。一个老师之所以受欢迎，绝不是因为什么都懂一点，而是因为有一门课程可以做到极致。一个医生之所以声名远扬，绝不是因为包治百病，而是因为有一个专业可以做到登峰造极。不怕练一万种腿法的人，就怕把一种腿法练一万遍的人。

集中精力把一款产品做到极致，这就是能让你在江湖上立住的"绝招"。去做一款能让 100 个人爱上的产品，而不是 1000 个人觉得还凑合的产品，这才是正确的思维。

能不能把一款产品做到极致，能不能把客户的一个痛点解决到极致，决定了你在市场上的生命力。在消费者越来越挑剔的今天，所有创业者都应该用匠心来打磨自己的产品，没有将就，只有完美。

不是产品不好卖了，是普通的产品没有出路了。在产品全面过剩和严重同质化的今天，注定只有一小部分优秀的产品会被客户记得和选择。什么互联网、数字化、人工智能、5G 时代……不管到了什么时代，只要你的产品是最好的、你是这个领域最专业的，你都不会失去市场。

你们听说过只做毛巾的“最生活”吗？你们听说过只做 T 恤的“白小 T”吗？你们听说过只做酸菜鱼的“太二酸菜鱼”吗？……这样的例子不胜枚举，他们的成功都有一个特点：保持专注，极致聚焦。在二次创业的过程中，这是所有选手应该时刻谨记的一条生存法则。

第三个关键词叫“体验”。未来商业争夺的是出生于 90 年代、00 年代的新生代，这群人生下来就不缺物质，他们需要的是“关怀”，这种关怀需要面对面的交流才能体现，这恰恰是“实体店”最大的机会。

上个时代，我们这代人是市场的消费主力军，而我们成长的环境造就了我们对于方便和效率的极度渴望，这种渴望推动了互联网的快速发展。我出生在一个县城，小时候城里连个商场都没有，要买东西是很不方便的，除了注重方便和效率，我们这代人，对价格也很敏感。于是这种内在的、深层次的需求，成为推动互联网发展的原生力量。

而90后、00后的新生代呢？他们成长的环境和我们截然不同。他们生在了互联网蓬勃发展的时代，活在了一个信息爆炸的社会，方便和效率，他们从来都不缺，他们对价格，也不再敏感，他们缺的恰恰是体验。所以，下个时代的机会，将会在线下。

你看长沙的超级文和友在开业时是什么样的景象？你看看现在的各种类型的MALL到了假期是什么样的景象？这就是“体验”的魅力。

商业核心优势正在从“价格”变成“服务”；从“效率”变成“体验”。电商曾经用“价格”和“效率”逆袭实体店，现在实体店需要用“服务”与“体验”扳回一局！三十年河东三十年河西，在“体验”大于“价格”的时代，实体店会迎来发展的大好机会。

其实日本也曾有过实体店衰退期，但在几年的调整后重新崛起。当下的中国正如同当年的日本。星巴克曾经一度被COSTA和一打主题咖啡馆逆袭，但经过全面变革之后，又再次占据了市场的主动。来自欧洲的ZARA，同样是卖衣服，它却使服装店重新焕发了青春。电商的崛起让新华书店一度走向落寞，但是你看这几年诚品书店、茑屋书店的异军突起，你应该能够感觉到，一个新的时代到来了。

现在众多的传统企业家和创业者还在徘徊，因为他们还没有醒来。还在拼价格、拼门面，未来那些同质化的产品将越来越没有竞争力，唯有那些能为用户提供独有体验的实体店，将重新获得青睐，脱颖而出。

未来商业，比的是谁更有趣，谁更好玩，谁更新颖，谁更有创意，谁更精致，谁格调高，谁能让我们开心，谁能为我们创造美好的体验。

第四个关键词叫“情感”。除了体验之外，人们对于情感的需求开始井喷。这个社会是变得效率越来越高了、越来越方便了、服务也越来越好了。我们足不出户，一年的时间都可以宅在家里，非但不会被饿死，一样可以享受到各种类型的服务。但是，人与人之间，变得越来越冷漠了。

我们的生活变好，是因为这部手机；我们的生活变差，也是因为这部手机。这是多么的讽刺。

其实这种变化是有迹可循的。从马斯洛的需要层次理论来看，上个时代，整个中国都在追求生理需求和安全需求的满足。而今天，我们的物质生活越来越丰富，那些基本的需求已经被满足了。所以，我们的需求来到了第三个层次“社交需求”，社交需求的满足体现在两个方面，分别是：爱与被爱和成长需要。

什么叫爱与被爱？人们内心都有爱别人和被别人的爱的需要，在这个阶段，变得格外强烈。在这个需求的推动下，滋生了很多的新物种。比如微商，就是利用了人们社交化的需求，5 年时间，创造了一个商业的奇迹。又如微商过后的社交电商，拼多多、小红书、云集等企业的崛起，就是敏锐的觉察到了这股潜在的力量。再如现在的社群营销，它们尝试击穿每个人背后的关系链，把社交化的红利完全地释放出来，完成对传统商业的变革。

中国已经进入社交化红利的时代，只是有些人根本没有看懂。

一个小龙虾一年可以吃出 1000 亿的市场，据说不仅是因为好吃，而是因为吃小龙虾需要两只手，单手很难操作。而双手一旦解放出来，就要放下手机；一旦放下手机，感情立即升温。正所谓“放下屠刀，立地成佛”。小龙虾居然是一款自带社交属性的产品。我不知道你信不信，反正我信了。

那些尝试把小龙虾给你剥好了，送到嘴边的商家，真是愚蠢之极。

什么叫成长需求？就是想成为更好的自己。你根本无法想象，这会成为一门生意，会带来无限的机会。

对于中国现有的近 3 亿中产阶层，他们的内心都有着一种普遍的向往——成为更好的自己。有了钱之后一定要吃山珍海味吗？一定就纸醉金迷吗？不仅不是这样，而是多吃蔬菜甚至纯粹吃素，每月还要来一次轻断食；早起打卡健身跑步做瑜伽，有时候还要去搞一场徒步，跑一场马拉松；你还要看罗振宇的得到，参加樊登读书会，听喜马拉雅……为什么会这样？因为你觉得你要成为更好的自己，实现人格的自我跃迁。成长对于这 3 亿的新中产来说已经成为一种刚需。

当然，在每次经历之后，还不能忘记在朋友圈打个卡，在微博晒个图，成长需求和爱与被爱的需求同时得到满足。

你必须看到这些改变，不要认为微不足道，需求的变化会影响商业的变迁。这是一轮全新的趋势，决定着我们的命运。

当然，中国商业发生的变化远远不止这么多。我说过，这些变化无时无刻，随时随地。总结一下：上个时代的机会在全球化，下个时代的机会在本土化；上个时代的机会在线上，下个时代的机会在线下；上个时代的机会在消费互联网，下个时代的机会在产业互联网；上个时代的机会在性价比，下个时代的机会在卓越的用户体验。

第4章

选　择

努力VS选择

风口VS趋势

趋势VS红利

这是个老生常谈的话题，我们都知道选择有多么的重要，甚至还知道人生那几次重要的选择就足以决定了我们的一生，可是，我们真的认真对待这些选择了吗？在重要的选择面前，我们有花足够多的时间，有搜集足够多的信息，有足够谨慎吗？还是和今天出门穿什么衣服、今天中午吃什么一样的草率和随意？

善待每一次选择，用好老天爷赋予我们每个人的“选择权”吧。

努力 VS 选择

一个优秀的创业者，一定有着很强的独立思考和独立判断的能力，这种能力会帮助他在关键时刻做出正确的，或者更优的选择。一个创业者的成功，一定是若干个正确的选择累加的结果，你可以先跳出来看待这个问题，忽略整个过程。如果选择都是错的，那努力就会变得毫无意义。

最重要的那个选择就是：创业的方向。我到底要上哪个赛道？

入哪个行业？做什么生意？用什么方式做？这些选择的重要性，如同系扣子，如果第一颗扣子就系错了，接下来你再认真、再努力也是徒劳。

而我们之前的做法，是先干再说，差不多就可以开始干了。随便开始的事情，结果就会很“随机”。接下来的做法要变成：严谨判断，谨慎选择，认准机会，再坚持到底。不要随便干一件事情，然后草草结束，人生很短，要选择一件可以让自己托付一生、同时也是可以做大的事业，把它当做是人生的“最后一站”和“最后一战”，才有可能收获事业上的巨大成功。

选择大于努力，这是个多么朴素的真理。不要相信只靠勤奋、努力就可以发家致富、改变命运之类的话，那是鸡汤。当然，我不是说勤奋和努力不重要，我是说光靠这个远远不够。勤奋和努力即便可以改变命运，那幅度也是有限的。而选择，决定的是成功的“量级”。

我相信很多人都有这样的经历，身边有个朋友，大家都很看好，是公认的潜力股，但是在社会上混了很多年，就是混得不好，为什么？因为选择错了。一个人的能力再强，放在一个错误的环境中，没有趋势的加持，也只能变的泯然于众。

但是我们还有另一种经历，身边有个朋友，出身一般、水平一般、学历一般、连长相都很一般，大家都不看好，但是在社会上现在混得很好，为什么？因为选择对了。有的人的成功其实没有那么复杂，就是在人生的十字路口，做对了一次选择，把握住了一次机会。

成功绝对不是靠使“蛮劲”，如果是这样就可以成功，那成功的门槛实在是太低了。我们要学会使巧劲，会选择的人往往事半功倍，因为这是最大的“巧劲”。高手之间的对决，不是在那漫漫的过程，而是在那做选择的一念之间。那一念之间，胜负已分。一念天堂，一念地狱。

我再次强调一下，我不是说努力不重要，而是说选择更重要。努力本身是极具意义的，谁也无法否定它的价值。首先，努力是给我们保底的。虽然有时候努力不一定有可以让你满意的结果，但是不努力连个差的结果都保不住。其次，努力是为了获得更多、更好的选择。都说选择大于努力，但是你知道吗，如果不努力，你连选择的权力都很有限。只有1万块，你能选什么车？年收入5万，孩子能上什么学校？起点那么低，你能选什么工作？所以，只有更努力，才能提升选项的质量。人生其实就是在努力和选择之间螺旋式上升的。

如果你准备开始创业，就必须学会：1重视选择，特别是最初的那个选择；2提升自己选择的能力。那如何提升我们的选择能力呢？这要从两方面入手：内在的认知和外在的选项。

首先，提高自身的认知，你才能看懂什么是趋势，才不至于被虚假的现象所迷惑。很多传统企业家对于趋势是没有自己的主观判断的，仅有的一些看法，也是不知道从哪里听来的，被别人灌输进去的，根本谈不上什么“见解”。人云亦云的结果只能是随波逐流。

图 5　努力和选择之间的关系

只有升级和完善了认知，才能具备自主判断的能力。这是不是趋势？这个趋势和我的自身优势匹配不匹配？这是不是个还不错的行业？这个项目算不算好项目？……当你的认知没有提升时，你根本无从判断，只能沦为“韭菜”。

我举个例子，如果现在给你重新选择一次，你还会选择现在从事的这个行业的概率有多大？为什么你的选择会变？项目没有变，只是伴随时间推移，你的“眼界”变了，是你进步了，你的进步改变了你的行为。认知的升级，会帮你重新认识这个世界。

而后，要增加自己的选项。这是我特别要强调的，因为这往往会被创业者所忽略。认知的提升会形成一套自我的判断标准，但是你能不能选出一个好的项目，并不是有正确的标准就一定可以做到。

举个例子，一个 20 岁的女孩子，要选择人生的另一半，她要选择一个有责任心的、孝敬父母的、长相和家境还说得过去的男孩子，标准也算是正确（在那个年纪能够形成正确的选择标准就已经很不错了）。于是按照标准在身边找了个对象，步入了婚姻的殿堂。但是当这个女孩子到30岁的时候，开始对这个男人有了诸多的抱怨，觉得自己嫁早了吃亏了。很多人在婚后都容易产生一种心理：我现在一定可以找到比以前更好的。

这是什么原因呢？对方没有变，甚至这些年对方还在进步，你为什么还是会不满意呢？这当中最核心的原因，就是你变了。不是你的标准变了，而是你的圈子变了，在以前的圈子里，这个人就是最符合你的标准的；而你现在已经是今时不同往日了，在你现在的圈子里，已经出现众多更好的选项。

所以，选择的并不是单方面自身的选择能力，还要看另一方面的选项。两者要对称的上升，我们才更容易选出一个真正的好项目。

我的选择为什么不容易出错？选择能力是一方面，最重要的是我的选项多。因为身份的关系，导致几乎每天都有人给我发项目计划书，我可以从300个项目里选一个项目来投资，出错的概率就会大大降低。而普通的创业者和传统企业家呢？活在一个很封闭的圈子里，到了选择的时候只有A和B两个选项，所以你认为的好项目，其实只是“矮子里面选将军”。

有时候也有一种“大力出奇迹”，就是不断丰富自己的选项，最终在一大堆眼花缭乱的项目来源中“选妃”。眼光再差，也不至于选个“丑八怪”。

其实在生活中也是一样，选项越多，人生的自由度就越高，活的就越主动。

如何才能增加自己的选项呢？那就得“停下来，走出去”。先学会停下来，天天被以前的琐事填满，想接受新的信息很难；而后走出去，走出去学习，走出去交朋友，走出去看看外面的世界。只有在不断走出去，打破自己的信息茧房，拓宽自己获取信息的渠道，开阔自己的眼界，你才能获得更多、更好的选择。

我曾经和我的学员开玩笑，哪怕停下来什么都不干，出去游山玩水玩两年，回来都会多出很多的想法。灵感也好，商机也罢，绝不是在办公室里苦思冥想想出来的。你是不是经常会有一种感觉，当初觉得这个人还不错，一年以后觉得一般般；刚开始觉得这真是个好项目，一年后回头再看，觉得好像就那么回事，甚至会有“好险，幸亏当时没做”的感慨。

风口 VS 趋势

我们在“选择”和“努力”之间选择了“选择”，接下来，我们要在“趋势”和“风口”之间再次做出选择。

孙中山先生说：“时代大势，浩浩荡荡，顺之则昌，逆之则亡。”不要尝试站在趋势的对立面，一个人再了不起，也无法和趋势为敌。

一个企业从 0 到 1，能不能活下来，能活得怎么样，可能是靠老板及其核心团队的能力；但是从 1 到 100，这个公司能不能做大，能做多大，靠的就是不再是能力了，而是趋势。所有伟大的企业，都是被趋势放大的。

一个公司做到 100 亿、200 亿，我们姑且相信这是靠人的能力？做到 1000 亿、2000 亿还是靠能力吗？一个人的能力再强，也是有边界的。企业能不能做大，得看环境允许不允许。这就是老祖宗说的："谋事在人，成事在天"。你能不能做大，能做多大，要看"老天爷"同不同意。

海尔也好，阿里也罢，都是那个时代的产物。如果今天马云二次创业，再做一家阿里巴巴，相信他也做不到了，不是他的能力不行了，也不是实力不允许，而是这个趋势已经没有了。所以，你要相信"时代造英雄"的真理，切勿做"英雄造时代"的美梦。

问题是，什么是趋势？趋势又在哪里？

雷军的一句话，"选对风口，猪都能飞"，一时间刷遍网络，无数文章和各种专家使劲地鼓吹风口，引导一个个单纯的创业者成为"创业猪"，真的是这样吗？

一头猪如果找到了风口，有可能真的可以飞起来，但是风不可能一直吹，所以才有过去几年一阵阵"妖风"过后的一片狼藉。关注风口和风口借势本没有错，但这绝非决胜关键，更不能因此本末倒置，忽略了创业的基本功。这几年，我甚至看到过很多把融资成功或者上市当做是终点的创业者，这样的本末倒置让人担忧。

作为一头“创业猪”，找到了风口并不是最重要的，最重要的是如何在风停下来之后还能继续飞翔。起飞可以靠风口，持续地飞翔还是要靠“翅膀”的。我们不仅要成为一头会选风口的“创业猪”，还要成为一头“有翅膀的创业猪”。在这个四处找风口的时代，创业者要懂得更加理性，才有机会让自己变得与众不同。

因为，鸟儿停在树上从来不会担心脚下的树枝会断掉，自己会摔死，他相信的不是树枝，而是自己的翅膀。

而且，风口不等于趋势，这个一定要分清楚。首次听到这个理论，应该是在罗振宇老师的跨年演说，这个点讲的还是很到位的。

我们要思考的是：到底是要抓住小风口，还是大趋势？

小风口的窗口期很短，来得快去得快，这个周期可能是半年，最多 2—3 年；大趋势是阶段性的，这个周期一般在 5—10 年。我们需要把一件事情做成是需要时间的，那些来得快去得快的小风口，你能不能赚到钱是个问号，就是赚到钱，也不可能是大钱，因为不会给你太多的时间。那些侥幸赚到一些钱的也要小心，因为生命中有个定律：只要是来的快的，去的一般也快；但凡是在偶然中得到的，也会在偶然中失去。

关注小风口，天天找风口，反而会让你丧失未来。你身边一定有这样的人，互联网火了去搞互联网，P2P 火了又开始去玩金融，区块链火了马上转战区块链，分销火了又成了某某平台的合伙人，现在元宇宙又火了，他又在左右张望寻找机会……这些人有三个特点：1. 过去不成功；2. 现在没成功；3. 未来也不会成功。

培训行业也是，有些机构资本火了，开资本课；股权火了，开股权课；财税火了，开财税课；微信火了，开微营销的课；现在抖音火了，又开始培养主播了。他们就是我心目中可以七十二变的孙悟空，好像无所不能。敢问一下，这样的机构，会有一项是专业的吗？有选择能力的企业家和创业者，会选择这样善变、多变的机构吗？

厚德这么多年了，从来没有抓过这些一阵一阵的小风口。我们只做两门课程，商业模式和管理模式，守住客户不变的需求，建立我们专业的优势。与其思考什么会变，不如思考什么不会变。那些若干年过去却没有一丁点改变的东西，往往才是机会。如果你能把那些永远不变的东西做到极致，就是最好、最大的机会，你也不需要去捕捉那些在变的机会了。

普通人都能看懂的机会，对你来说一定不是机会，有可能是恶魔给你的考题。大多数人都能做的生意，绝对不是好生意，有可能是个巨大的陷阱。

关注风口，都是在投机；关注趋势，才是真正的投资。在选择之前，问问自己：这是趋势还是风口？这个行业能做多久？这件事情对顾客有多大的价值？这个生意能不能持续？

趋势 VS 红利

我们在“选择”和“努力”之间选择了“选择”；在“趋势”和“风口”之间选择了“趋势”；最后我们要在“趋势”和“红利”之间，做出最后的选择。

其实 360 行，行行都赚钱，但是为什么有的人能够赚到钱，有的却赚不到钱呢？这和进入的时机有很大的关系。真正睿智的创业者，不仅善于选择趋势，更加善于选择时机。

趋势是个有时间属性的东西，在一个趋势的周期里，财富的分配绝不是雨露均沾。在趋势刚刚开始的时候，赚钱是最容易的；在趋势逐渐成熟后，虽然市场体量变大，但是竞争开始变得激烈，价格开始明显回落，赚钱反而会变难。所以，我们不仅要看准趋势，更要把握住趋势的红利期。

微信是 2011 年成立的，到 2016 年，全球用户已经有了 8 亿，在 2011 年最初阶段和 2016 年之后，微信的用户增长都是相对缓慢的。而这中间，尤其是 2013 年、2014 年，微信用户突飞猛进的增长。所以在那个时候，随便做一个公众号，就可以获得很多关注。因为当时，你是在和荒芜竞争，那段时间就是微信的红利期。

我记得当时，厚德注册了一个公众号，名字叫“正能量”，都没有更新什么内容，就靠这个名字很快就生生地涨了两万的粉丝（这个号后来被腾讯封了，到现在我们也不知道原因）。

罗辑思维，吴晓波频道，都享受了这个红利。可是现在，微信里已经有了超过 2000 万个公众号。假设用户打开公众号的总时间不变，平均花在每个公众号上的时间显著降低。今天，就算你比罗振宇更有才华，内容比他好 100 倍，也很难超过他。因为他通过和荒芜竞争获得了优势，而你是在和充沛竞争。红利，已经被先入者吃完了。

这个世界上最好的对手，就是荒芜；这个世界上最强大的对手，就是趋势。所以，和荒芜竞争，不要站在趋势的对立面，才有能获得更大的生存空间。

微信如此，抖音也是一样。我们这个行业中很多老师抓住了抖音的红利期，在抖音获得了上千万的粉丝，而现在呢？你就是能够输出再好的内容，涨粉的难度比起当年要难十倍还不止。

趋势是有红利期的，而红利是一个时间属性很强的东西。在这个时间段内，因为某些基础要素发生了变化，而产生短暂性供需失衡。简单来讲就是一个事情的节点，抓住这个节点就会快速占领市场，就有机会成就新的商业帝国。

所以，难处就在这里。太早进入不行，因为要承担起教育客户、培训市场的责任，风险大、周期长、成本高；太晚进入也不行，那样红利就没有了。这个“战机”的把握是最重要的。

对于中小微企业来说，这个最佳的“战机”是什么时候呢？我给几个标准，我们一起来感受一下。**第一，使用者明显增加，而不**

是刚刚开始，或者还在概念期。第二，市场上开始有大量公司进入。第三，消费者对价格没有感知，产品利润极高。第四，消费者对品牌也没有感知，只要能够提供产品就行。当出现这些特征的时候，说明时机到了，不要贻误战机，可以开始行动了。

我要强调的是，看到趋势不等于可以抓住红利，抓住红利也不等于可以获得真正的成功。抓住红利之后，想要获得长久成功，最终还是要回归到企业的核心竞争力。不要把红利当成商业模式，更不能当成核心竞争力。如前文所说，我们不仅要成为一头会选风口的“创业猪”，还要成为一头“有翅膀的创业猪”。

第5章

融　合

从原始积累，到运营盘活

从独立创造，到合力共生

融合破边界，三资定乾坤

合作成与败，取决于心态

趋势是方向，当我们确定了方向，接下来要做的，就是在这个方向上，找到正确的做法。一个是方向，一个是方法，只要这两者都是对的，成功的概率就会大大增加。

在这个时代，我们到底应该如何创业？这里我们在讨论的，事实上是一种全新的创业方法论。

这几年消极的声音太多了，不要一味怪罪于疫情，在疫情还没有到来的时候，全球经济、中国经济的下行已是不争的事实。这一场突如其来的疫情，只是压死骆驼的最后一根稻草。新冠病毒，只是“背锅侠”。我这两年经常会和一些企业家开玩笑：如果没有疫情，你就真的能活得很好吗？

在这样的环境下，“不要创业”、“不要投资”之类的建议不绝于耳，但真的是这样吗？每每在危机到来之时，都会有一帮人倒下，但是也会有一些人崛起。再差的时代，也会有人成功，关键是你有没有用对方法。危机即转机，对于想要超车、想要找机会的创业者来说，这可能是个绝佳的机会，唯一的考验是：你是否足够专业？

从原始积累，到运营盘活

中国的经济发展到今天，已经度过了以“原始积累”为主的第一阶段，大量的基础设施建设已经完成，道路桥梁、高铁机场、住房、商业、场馆，包括互联网；接下来我们将进入以“运营盘活”为主的第二阶段，谁能够将上个时代积累的存量资源盘活，将是最好的生意，也是最大的机会。

商场太多了，已经不用你再去建了，你如果能把它运营好，你就会有做不完的生意；养老的趋势很好，所以要去建养老院吗？上个阶段建成的、闲置的已经太多了，你如果有能力把它运营好，你就可以整合起一堆的养老机构。运动也是个很好的趋势，所以要去建场馆吗？很多城市甚至体育局还有场馆建设的补贴，我想说的是，已经不用你去建了，过去 20 年别人已经建好了，而且一堆烂尾，你要做的，是帮助他们把这些场馆整合到一起，并且运营好。

我一直都强调，“建设”不是个好生意，“运营”才是好生意。未来的生意会被一分为二，一部分是有钱、没时间的人去投资，做“建设”的生意；一部分是有时间、有能力的人去经营，做“运营”的生意。

中国的酒店行业蓬勃发展这么多年，最赚钱的是哪个酒店？答案可能会让你遗憾，因为最赚钱的不是酒店，而是酒店运营机构。一类是国际一线的酒店管理公司，他们运营了中国大多数的五星级酒店，他们垄断了中国的高端酒店；一类是国内的连锁酒店管理公司，如汉庭、锦江之星，还有一些后起之秀亚朵、全季等，他们垄断了中国的中端酒店；还有一类，就是互联网撮合平台，如携程，他们把持了整个酒店行业线上的入口。这三类都有一个共同点：都是“运营”公司。

中国最大的酒店，叫携程；中国最大的餐厅，叫美团；中国最大的出租车公司，叫滴滴……而它们都有一个共同点，就是把“运营”的功夫发挥到了极致。这样的故事在过去 20 年，从中国到全世界，都数不胜数。

从独立创造，到合力共生

中国的商业发展到这个阶段，事实上已经不需要你去独立创造了，你只需要去融合就好。是的，中国的商业正从“独立创造”走向“合力共生”，而“融合”，就是最重要的手段。

我举个例子。在这个阶段，任何行业你想要从 0 开始做一家公司，做到 10 亿、100 亿，是一件难度极大的事情。上个时代是有可能的，这个时代可能性越来越低，因为传统商业已经进化的很成熟了。不是你的能力变差了，而是条件变了、环境不允许了。

但是，在中国的今天，任何行业你要“组装”出一个 10 亿级的公司却很容易。可以预见的是，中国市场势必出现一波重组和并购的高潮。如诺贝尔经济学奖获得者乔治·斯蒂格勒在《通向垄断和寡占之路——兼并》中所说："一个企业通过兼并其竞争对手的途径成为巨型企业是现代经济史上的一个突出现象。"这是在中国正在发生的景象，而且会越演越烈。

企业是要安于现状还是要做大？在接下来的环境中，已经没有"安于现状"这个选项了。只要想守，就注定是兵败如山倒。想要生，唯有一心向上，把企业做大，否则就只能逐渐被市场淹没。

中国商业发展到今天，成熟度越来越高，增量极其有限，那些存量资源会流向何处，决定了企业的生死。而资源也是趋利的，这资源包括市场、渠道、客户、土地、资金、人才等，它们也会"良禽择木而栖"，它们也遵循着"人往高处走，水往低处流"的规律。越是大公司，越容易获得优质资源；越是小公司，越难获得资源。资源的集中度越来越高，中国将进入"寡头经济"的时代。

大量的兼并和重组背后会带来两个浪潮：头部企业崛起的高潮和小微企业退出的高潮。

在我们一次创业的过程中，在商业发展的第一阶段，中国社会已经沉淀了大量的资金、资源和资质。你根本不需要从 0 开始，你要学会站在前人的"肩膀"上开启一轮新的创业。

你缺技术？你缺工厂？你缺渠道？你缺客户？你缺资金？……那只是你缺而已。你要相信，一定有人不缺，不仅不缺，甚至还"富裕"。你所欠缺的一切资源，其实别人都正在拥有。这个人就在世界的某个角落，你要做的，就是发现他，吸引他，最终和他合作。你要做的不是“独立创造”，而是“合力共生”。

你只要解决两个问题：1. 如何找到这些人，2. 如何和他们建立起合作。就可以让你的二次创业，站在一个更高的起点上。

上个时代是跨界打劫，这个时代是合纵连横；上个时代是整合他人，这个时代是融合共赢；上个时代是独自创造，这个时代是合力共生。这是一个全新的时代：跨界不打劫，融合不整合，独立不孤立。

在这个章节，我们强调的打法是“融合”而非“整合”。“整合”这个词充满了利己的味道，在“整合”的世界里，要先分个主次，这个世界上谁都想整合别人，谁都不想被别人整合，这就是我们“整合”了那么多年，也没有把自己整成功的原因。而“融合”不同，追求的是自他两利，互惠共赢，大家地位平等，优势互补，这才是下个时代正确的节奏。

“融合”是手段，“共生”才是目的。

上个时代是单打独斗、靠机遇获得的成功；下个时代是抱团求生、靠智慧获得的成功。上个时代的成功是以自己为中心，自己成功的成功；下个时代的成功是以他人为中心，帮助更多人成功的成功！

融合破边界，三资定乾坤

一个企业的发展为什么会存在边界，就是因为任何企业的资源和能力都是有限的。你没有办法突破资源和能力的边界，就没有办法打破企业发展的天花板。

如何才能突破企业的发展边界呢？需要更多的能力和资源，而获得这些能力和资源最好的方式，绝不是独自创造、慢慢积累、自己培养，最有效最快速的方式就是——融合。

一个企业为什么只能做 5000 万？因为企业的资源和能力，就只能支撑起这样的结果。在资源和能力不改变的情况下，管理就是做到极致、模式就是用到极致，能改变结果的幅度也是极其有限的。这个企业能不能获得更大的发展，就取决于企业家和创业者能不能找到比自己更有能力、更有资源的人来和自己合作。

从这个角度出发，你会发现每个企业都存在发展的可能性。我曾经遇到一个做建筑行业的学员，他很消极地和我说："亚东老师，我不需要学习什么模式，我这个行业就是靠关系，学那些一点用都没有。"我问他："现在规模能做多少？"他说："两个亿，也做不大了。"我说："不是，是在你的资源不变的情况下做不大了。如果可以融合到更多和你一样有资源的人，用某种方式把他链接到公司中来呢？……"后来的这一番对话，让他心服口服地加入了厚德，成为我的学员。

想要做大，就是要找到更多和你一样有资源的人，甚至比你还有资源的人，并和他们建立起合作。所以对他来说学习的目的很简单：1. 在同学圈里找到有资源的；2. 学习我的模式把这些人变成的自己的合作伙伴（合伙人或者是股东）。如果平均一个项目是5000万，你只要找10个有资源的人，每个人每年平均给你介绍一个项目，那就是5亿的增量。

当然，说起来简单。关键是，能不能找到这些有资源的人？你能不能让别人愿意和你合作？

那些轻易说“不可能”的人，都活在过去的世界里，还是用过去的思维在看问题。当然，如果不愿意去学习，在你的世界里永远都是不可能的。

我再给大家讲个故事。我有个做连锁的学员，产品很好，模式也不错，但是发展很慢，因为资源不够。听了我的课很受启发，在同学里找了10个股东，这些股东最初的时候一个月需要开1次股东会，帮助他解决这个阶段遇到各种问题。有一次我参加了他们的股东会，在开完会大家聚餐的时候，他说了一件事，一个新店已经装修好一个多月了，现在还是不能开业，为什么呢？第一，消防验收没有过；第二，门口挂了拆拆了挂已经两三次，城管协调不好。我目睹现场的两个股东（都是我们的学员）拿起电话，一个打给了消防，一个打给城管。我一开始也以为，酒桌上的行为不能当真，是不是真有效果不好说。但是奇迹是，一周过后，这个店顺利开张。

很多对你来说是问题的问题，只要找对了人，根本不是问题。真格基金徐小平说，“合伙人的重要性超过了商业模式和行业选择，比你是否处于风口上更重要”。真是一针见血。

公司发展之所以会有瓶颈，本质上都是资源不足造成的。

我们在过去所讨论的“资源”都是广义上的资源，那一个企业需要什么样的资源呢？我们分成两类：一类叫内部资源，也就是高效和专业的运营团队；一类叫外部资源，分成三种类型，分别是资源、资金和资质。

举个例子，公司就是设计好的一台机器，资源、资金和资质就是“原材料”，而运营团队就是负责把这些“原材料”变成“成品”。运营团队最大的作用，就是要把公司里的所有资源（广义的）统统盘活，实现每个资源方的效益最大化。

我们在这个章节讨论的是外部资源，也就是：资金、资源和资质。

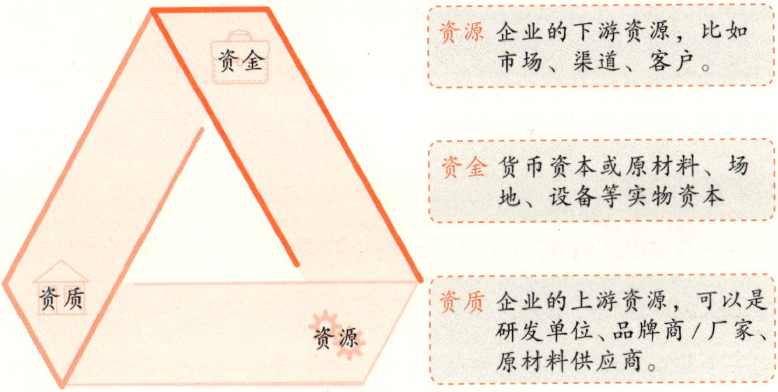

图 6　三资结构图

什么是资金？就是货币资本，或者原材料、场地、设备的实物资本。

什么是资质？就是企业的上游资源，可以是研发单位、品牌

商 / 厂家、原材料供应商。

什么是资源？就是企业的下游资源，比如市场、渠道、客户。

企业在经营的时候，之所以会出现瓶颈，会“卡顿”，本质上都是因为这“三资”不足造成的。

我经常用一句话来形容这“三资”的重要性。

万物生长靠能量：阳光、空气、水。

公司成长靠三资：资金、资质、资源。

我们回想当年是如何创业的？你当初创业的那个“种子”是什么？大多数人创业的起点，就是“三资”中他具备了某“一资”，然后内心就开始了骚动。要么就是有了好产品或者好技术，要么就是有了点钱，要么就是认识了一些人，有了一些市场资源，于是就开始上路了。“三资”中有“两资”的都很少；当然，如果“三资”俱全，创业成功的概率就极高了。这时候失败，就好比门线前一米，你还能把球踢飞。

正是因为我们意识到了“三资”的重要性，所以我们才有了一个二次创业重要的原则：没有“三资”，不开公司。并且把它还变成了一个非常完整的理论操作体系，体现在了我的课程当中，这也是这几年吸引了众多创业者和传统企业家走进我们课程的重要原因。

既然我们知道，如果“三资”不全，开公司也会出现瓶颈，也会卡在那里，那就等我们通过融合获得了这所有的要素，具备了成功的条件，我们再开公司。毕竟开公司不是目的，把公司开好，把事情干成才是目的。

孙子兵法说：败兵，战而后求胜；胜兵，胜而后求战。我给大家的这套方法论，就是让大家从“战而后求胜”到“胜而后求战”，从“败兵”到“胜兵”。

那这套理论该如何落地到我们的创业过程中呢？能力也好，资源也罢，最终都是落在某个具体的人身上的。所以，找对人很重要。

我们要找什么样的人呢？我给大家一个方向。在公司的股权结构中，应该有 5 种性质的股东：

1. 发起股东

2. 运营团队

3. 资质股东

4. 资源股东

5. 资金股东

接下来，你要做的，就是把这张“地图”变成行动指南。我们就是公司的发起股东，然后去招运营股东，搭建好运营团队，再一起去找资质和资源股东，如果到了这一步，你反而会觉得最后找资金股东是一件最容易的事。

找到比自己更有能力、更有资源的人，把他变成自己的合伙人，就可以瞬间弥补自己的不足，让所有问题迎刃而解。在我的课堂上，我把这个过程叫做“整三资”。

二次创业其实就是找到比你更有能力的人，让他把时间交给你；

找到比你懂产品的人，让他把技术交给你；找到比你更有资源的人，让他把人脉交给你；找到比你更有财富的人，让他把钱给你。总之，找到那些你需要的人，让他们把心交给你。

创业之所以充满了不确定性，不是因为创业本身，而是我们大多数创业者残缺不全的认知造成的。我们并没有洞悉问题的本质，大多数人都在摸着石头过河。

合作成与败，取决于心态

其实到这里可以结束这个章节了，我还是想多说几句，讲讲你们在实操的时候一定会遇到的问题。

我想很多人心里都会有个困惑：找到了人，人家就一定愿意和你合作吗？在这个版块，我们来讨论一下这个很实际的问题。

要解决这个问题，我们需要先换一个角度。如果你是一个有资金、资源、资质的人，你愿意和别人合作吗？

首先，我们是否愿意和别人合作，取决于他能不能把我手上的资源（广义）效率最大化。那些资源（广义）是我的存量，你能帮我创造多少的增量。每个人心里都有一个预期，这个预期和我自己的能力和过往的认知有关，只要他能帮助我超过这个预期，我就会和他合作。毕竟，他可以帮我实现资源效率的最大化。

举个例子。我有 100 万的闲钱，过往只是放在银行里买理财，年化收益只有 4%。现在你有个项目，想让我成为资金股东，预期年化收益 8%。我会心动吗？答案是不会，虽然收益翻了一倍，但是风险增加的可不止一倍，放在银行比放在你那里安全多了。但是如果我对你很了解并且很信任，也看到了你做事情的能力，同时年化收益还能达到 20%。我可能就愿意把这 100 万投给你。

关系好不好不是关键，项目好不好甚至我认为也不是关键，关键在于你的那份“方案”和执行方案的“能力”，如何保障我的收益，如何给风险兜底。这两种能力体现在你的项目或者公司上，就是“模式”和“系统”，这就是我在课堂上为什么会常说，“离开模式和系统去谈资源整合，就是空中楼阁。”

其实，大多数非专业的个人投资人，他们根本不具备对项目好坏的判断能力，他们对股权也一无所知，对于你公司是怎么估值的，他占多少股份，他完全不专业。他最关心的只有一个：我的投资回报率以及风险承诺机制。但是我们在做方案的时候，完全活在了自己的世界里。

再者，资源放错了地方，就是毫无用处的垃圾，非但产生不了价值，还会占用我的“空间”。如果不借助别人的能力帮我实现资源的变现，我有再多的资源也没有用。而且资源的维护就和材料的存储一样，还是有成本的。

有时候我们要创造效益，都不需要创造新的资源，只要把资源换个地方，就可以变废为宝。因为资源和资源之间会产生化学反应。你的资源再好，藏得严严实实，不和外界交互，它也会老化或者挥发。把资源拿出来，去和外界交互，一旦找到最佳的那个排列组合，就会收获意想不到的成功。

正如凯文·凯利所说："不改变资源本身，只是改变资源的组合方式，即可产生经济增量"。所以，你听懂了吗？

能不能让别人与你合作的核心是什么？就是你有没有能力让别人的收益最大化和风险最小化。当然这种能力不能挂在嘴上，你要设计出一套操作的"模式"和支撑的"系统"，来作为你的这种能力的载体。真正让别人信服的是这套能够看得见摸得着的"模式"+"系统"。

所以，一个靠谱的模式加上成熟的系统才是融合的关键。没有系统去谈整合和融合，都是无稽之谈，甚至会变成骗人的把戏。

到这里，我不得不谈一下什么是"合作能力"。这个问题在过去太多学员问过我，他们关心的其实不是如何提升自己的合作能力，而是如何让更多人愿意和自己合作。

在帮你搞清楚什么是"合作能力"之前，我先给大家讲个故事。曾经的华人首富李嘉诚先生，有一次被人问到自己的生意经，也就是如何做生意，才能把生意做这么大的。先生略作思考后回答："我与人合作，如果得七分利合理，八分利可以，那我只得六分。"

我马上想到了自己，我是怎么做的？至少曾经很长一段时间，我的生意经是：“与人合作，如果得七分利合理，八分利可以，那我尽量要拿九分”。不要笑，曾经的我，代表了绝大多数人。

有人说李嘉诚这是“傻”，可以得到八分利的生意，被他自己变成了六分，每份生意都少拿两分利！看得见的叫聪明，看不见的才叫智慧。你是真聪明。

正是因为他每份生意都愿意主动给被人让出两分利，所以才能获得更多的六分。这就是李嘉诚的生意经。复杂吗？大道至简。傻吗？傻人有傻福。

我看到很多的创业者在沉浮的商海里没有把与生俱来的聪明变成智慧，反而变成了“精明”，把自己变成了一个精致的利己主义者。有时候我们不成功不是因为不够聪明，而是因为太聪明了。

所以什么是合作能力？合作能力就是吃亏能力。你愿意吃亏，合作能力就强；你不愿意吃亏，合作能力就弱。所以合作压根不是看能力，看的是格局。

归根结底，在和别人合作的时候，利益我少得一些，风险我多担一点，问题就会变得简单。一旦你做到了，你就会慢慢变成你那个世界的中心，所有的资源都会从四面八方涌向你。人生在世，并不是只有竞争和掠夺，更多的是合作共赢。一旦有了这样的认知和觉悟，你才能收获物质和精神的双重财富。

单打独斗永远成不了大气候，合力共生才是这个时代的主旋律。学会与别人合作，才是走向成功的开始。

第6章

创　新

中国企业成功范式

中国式的创业逻辑

创新所需要的条件

创新是当下中国的一大热点。“大众创新，万众创业”的潮流在中国事实上被分成了两个阶段，第一阶段是创业的潮流，这股潮流已经接近尾声；第二阶段是创新的潮流，这股潮流才刚刚开始。

创新和创业之间有什么关系？我们到底要不要创新？如果要，我们又该如何创新？

先回答第一和第二个问题。创新和创业的关系很复杂。我做个高度的概括：“上个时代的创业不需要创新，下个时代的创业必须创新”。这句话一并回答了这两个问题。

我见过很多上个时代的创业者，他们成功的路径出奇的一致。看到别人成功了，于是自己果断下海。看到别人做什么产品，我们就做什么产品；产品不知道怎么做，就把别人的拆分进行研究；看到别人是怎么做渠道怎么做销售的，我们照搬就可以了……

在那个市场红利还没有褪去的年代，抄袭 + 模仿是我们成功的路径，速度 + 成本是我们制胜的法宝。但是现在，一切都不一样了。

我们来看看一个企业发展的基本规律。我们把企业发展分成三个阶段：初创期、发展期、成熟期。每个阶段都有不同的重点，一个企业家最重要的，就是能分清楚自己处于发展的哪个阶段，然后找到这个阶段的核心问题，只要找到并解决这个问题，我们就可以顺利进入下一个阶段。

第一阶段的重点是产权要清晰、管理要规范；第二阶段的重点是发现和培养人才；第三阶段的重点是创新。

这是一个企业发展的基本规律，其实同样也适用于一个产业。一个产业越是到后期，越是到成熟阶段，创新越会显得重要。因为它是我们突破瓶颈的一柄利器，是我们从第一曲线跨越到第二曲线的一座桥梁。

创新，在未来的商业中会变得越来越重要。它会成为创业者最重要的能力和素质，它也是我们这个国家要实现高质量发展的必由之路。

那我们到底该如何创新呢，我要把这个问题单独拿出来说。

中国企业成功范式

我曾经和一个做投资的朋友聊天，他说他们过去在中国投资的所有的所谓自主创新的项目，几乎全军覆没，现在都不敢再去碰这种项目。当然，那是在过去。

再看我们上个时代的成功，很多确实也和创新无关。中国人真的不擅长创新吗?

我把创新分成了两种：一种是“从0到1”的创新，另一种是“从1到100”的创新。“从0到1”的创新是突破式的创新，“从1到100”是延续性创新。中国人不是不擅长创新，而是不擅长“从0到1”的创新；“从1到100”的创新，我们在全世界做的是最好的。

那为什么我们不擅长“从0到1”的创新呢?因为这种创新往往需要三个东西来支撑：自由的思想，批判性思维，并且能和世界前沿思维的不断碰撞。这三者，似乎是我们“先天性”的缺失。

2019年9月，我带我的学生去以色列访学，短短8天的时间，让我大开眼界。以色列不大，人口也不多，也没啥好玩的，更没有什么美食，但却是为数不多我还没有离开就想再去一次的地方。

如果要让我分享一个对我触动最大的事情，那就是创新。犹太人信奉的创业，叫创新式创业，几个年轻人，租个小办公室，搞一些研究，要么软件要么硬件，出发点就是要改变世界、改变某个现状、改变某类人的命运。成功率高不高呢?其实并不高。但是整个民族焕发出的那种创新的意识和能力，让以色列这个国家都变得熠熠生辉。他们的确也靠这个能力，改变了这个国家的命运。

这和中国人对于创业的理解是完全不一样的。我们认为什么是创业？开个服装店，加盟个奶茶店，做个代理……公司注册成功，甚至还没有注册公司，只是摆了个地摊，就算是创业了。

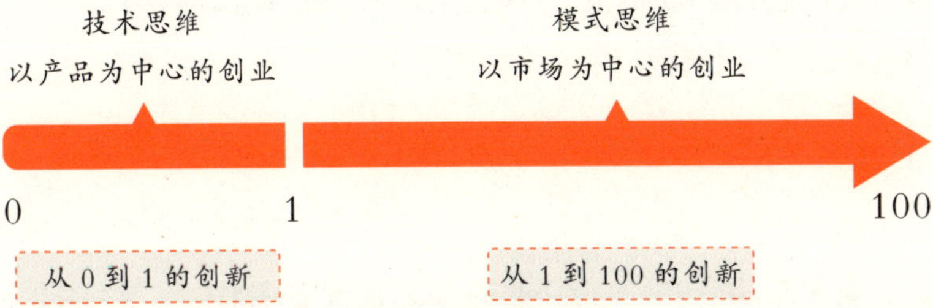

图 7　两种创业思维

再来看我们过往成功的经验：中国企业的成功就是超级渠道的成功，美国企业的成功就是超级产品的成功。超级渠道的背后，就是先进的模式；超级产品的背后，就是硬核的科技。模式背后需要的，就是“从 1 到 100”的创新；科技背后需要的，就是“从 0 到 1”的成功。

特斯拉的成功就是超级产品的成功，阿里的成功就是超级渠道的成功；苹果获得的成功就是依靠“从 0 到 1”的创新，小米获得的成功就是依靠“1 到 100”的创新。

有人觉得我们过去的成功很 low，其实不是。就像华为和联想的战略一样，华为定位要做“从 0 到 1”的事情，联想定位要做“1 到 100”的事情，没有对错，只是企业发展在不同阶段，还有每个企业的资源禀赋不一样而已。而且，每个环节的事情，总要有人去做，否则商业都没有办法变成一个完整的逻辑。

中国上个阶段有着大量的市场红利，创不创新不重要；但是当这个红利越来越小的时候，创新能力就开始变得越来重要了。

中国式的创业逻辑

有人说，是不是我们接下来的创业，就要学习犹太人、学习美国，做“从 0 到 1”的事情呢?

如果你的创业要想从“0”开始，做“从 0 到 1”的创新，你就必须具备 2 个条件：1. 创新的人才，2. 资金的投入。同时还要准备好面对两个现实：1. 创新的高风险，2. 长时间的等待。

这是很多小微企业和年轻的创业者都不具备的能力和无法面对的现实。当然，除非你创业的起点比较高，高科技人才创业，而且一开始就拿到了投资，但是这毕竟是极少的部分，我所面对大多数中国创业者，都没有这么高的起点，所以我研究的，是一套符合大多数人的普适方法论。当然，如果你是那少部分具备高起点的创业者，我是要鼓励你进行“从 0 到 1”的创新的。

对大多数人而言，创新很重要，但是我们又不具备创新的条件，那到底该如何做呢?

理性的创业逻辑是先“从 1 到 100”，到了“100”之后，自然具备了创新的条件，然后再回到“0”，去补充“从 0 到 1”的这段路，形成自己的逻辑闭环。

比如华为，我们所看到的极其擅长创新的华为，其实就是这个阶段。华为的第一阶段就是卖产品，做别人的代理商；第二阶段开始做产品，但是技术含量并不高；第三阶段才走向自主研发，研发人才、研发投入全球领先。这才成为了我们今天看到的科技巨头。再看小米的发展路径，其实也是如出一辙：从 1 开始出发，先到 100；再回到 0，把“从 0 到 1”这段路给补上；形成逻辑闭环。

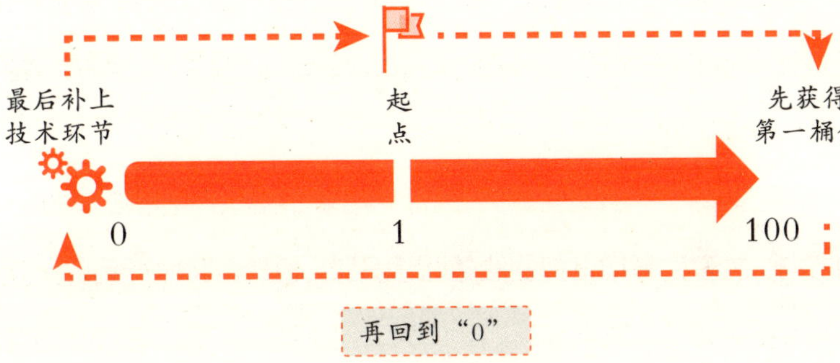

图 8　中国式的创业逻辑

创新是趋势不假，创新是我们最重要的能力也不错。但是你更要看清现实，搞清楚自己有几斤几两。创业之初，企业只有一个目标，就是“活下去”；到了第二阶段，才能考虑“活得好”的问题。

目前中国各个领域的创新这场攻坚战，头部企业才是排头兵。

因为他们有能力、有条件，中小企业要做出突破式的创新，也不是完全没有可能，但是相信我，那是小概率事件。

我举个例子。我讲课的这些年，经常见到有企业家在我面前吹嘘自己的产品有多好，这种心情我是完全能够理解的，这就好比没有一个家长会说自己的孩子不好。但是，我所看到的现状是，中小微企业做出来的产品，其实都差不多。无非是别人长一点，你短一点；别人是黑色的，你搞成了红色的；别人是硬包装，你是软包装；别人是液体，你搞成了粉状……一个行业干了这么久，你比谁都清楚，你的产品到底处于什么水平，你的技术到底有没有门槛。小微企业在产品层面最多只能做到相对领先，要做到绝对领先几乎不可能。

什么叫绝对领先？就是第一，或者唯一。比如苹果、华为、特斯拉、大疆。

所以，对于大多数普通创业者和中小微企业，一定要找准自己的方向，找对突破口。你要清楚地意识到：模式创新比产品创新对你来说要更容易。既要懂得顺势而为，但又不能“明知不可为而为之”；既要因“势”而动，更要因“时”而动。

这是中国式的创业逻辑，是本土化的生存策略，更蕴藏着古老而深邃的中国式智慧。

创新所需要的条件

如果你是属于创业起点比较高的那小部分的创业者，或者是已经到了“100”的企业家，具备了“从 0 到 1”创新的条件，那接下来的内容，对你会非常重要。

中国人是真的不擅长创新吗？其实，中国自古以来就不缺创新的能力。我们曾经创造出很多让世人惊艳的奇迹；我们创造了很多足以改变世界的产品，绝不仅限于四大发明；我们甚至还创造了全世界最绚烂的文明。

只是这种能力，在上个阶段退化了。

能力为什么会退化？是因为环境。在上个阶段，我们不需要创新能力。创新不仅不能给我们带来高回报，甚至还是高风险。在上个阶段，中国的消费者也不需要创新型的产品带来的更好的功能和体验，我们只需要可以用最高性价比解决我们的基本生存问题、满足基础物质需求的产品，需求决定了供给。在这样的环境下，谁会去创新？

中华民族不缺乏创新的意识，中国人也不缺创新的能力。我甚至认为这种能力都不需要培养，因为我们本来就有，我们只需要把它“激发”出来就可以了。

那能够激发出我们创新能力的那个诱因是什么呢？就是

“环境”。

创新，是需要环境支撑的。有人认为只要解决人才问题、技术问题，就可以实现创新，这些都是片面的。人才也好，技术也好，都只是现象，背后的“环境”才是核心。脱离创新环境去谈创新人才、高科技创业都是纸上谈兵，即便出成果，也只能是昙花一现，不可能持续；只有从环境入手，不管是政府还是企业，营造出鼓励创新、孕育创新的基础环境，创新型人才和成果才会不断地涌现。

接下来，我们来聊聊创新所需要的环境。

首先，创新需要包容。当人们对失败不够包容时，创新就已经没有了土壤；创新本身就是一件高风险的事情。

从这个角度出发，中国的政府领导是很不好当的。我有一次和一位在多家公司担任过董事长的老领导沟通，他开玩笑地和我说，民营企业的老板最幸福，因为他们这一辈子干了 10 件事只要有 1 件事成了就成了；国企央企的领导则相反，这 10 件事里 9 件事都成了，只要 1 件事干砸了，这辈子就砸了。

我们的制度没有“容错率”，时间久了，就形成了循规蹈矩、墨守成规的作风，不干不错、少干少错的风气。不是我们的领导干部没有创新能力，而是这种能力被扼杀了。

我再讲讲我去以色列的感受。为什么犹太人创业成功率不高，但是全民对于创新创业的热情还那么高涨呢？难道他们不怕失败？

在以色列，整个国家和社会，对于“失败”是有着极大的包容的。他们鼓励创新创业，即便你创业失败了，也不会被别人当做是Loser。同学朋友聚会时，大家还是会向你请教创业的经验；甚至，你还被邀请回学校，给大家做创业“失败”经验的分享。你可以在你认为自己准备好了之后，再开启人生的下一次创业，之前的失败，不会有任何的负面影响。

但是在中国呢？如果一个人创业失败，马上就会有人对你丧失信心。员工不相信你了，客户不相信你了，合作伙伴不相信你了，投资人不相信你了，甚至家人都开始不相信你了。如果一个人多次创业失败，你会被贴上“失败者”的标签，没有人愿意和你合作，没有人敢把钱投给你，银行贷款难度可能都会增加，你很难想象他还能东山再起。

这是文化的差异造成的。我想说的是，创新需要有一个基础的土壤，它就是：包容的环境。一个国家也好，一个公司也罢，只要不敢接受失败，就不会出现大量的、自发的创新

人能够成长，就是因为不断的犯错。剥夺了他犯错的机会，就是限制他的成长。

这不仅是一种文化，更要把它体现在我们的制度中。

美国在很早之前，就有了类似天使基金一样的机构，专门用于投资那些看似不切实际的科技项目和那些天马行空的科研人才，完

全不求回报。在这样的资本力量的推动下，美国的创新进入一个高峰期，登月计划、星球大战这样的想法才有了滋生和实现的土壤。庆幸的是，中国现在也开始有了类似这样的基金。

在公司层面，创始人有创新的意识，但是不愿意承担风险，那你就是创新这条道路上的“伪君子”。你需要建立起一个制度，把自己当做投资人，去投资那些你觉得值得鼓励的、有意义的创新项目；去投资那些你觉得有能力、有想法的创新型人才。

你必须认识到：1. 创新是高风险的投资；2. 创新是一种战略性投资。

再者，创新需要空间。我们想让员工的工作有着充分的主观能动性，就要学会授权；我们想让大家进行创新，就要给予他们足够的空间。

我举个例子，我见过很多中小企业，老板说要创新，甚至公司文化的价值观中，“创新”也赫然在列。但是，做事情的方式还是延续以前的方式，每天的工作量安排得也很饱和。只要还在延续以前的方式，他的思维解放不出来，没有办法和过去“断”，怎么能够有突破式的创新呢？每天的工作都满满当当，只能疲于应付，连思考的时间都没有，怎么可能进行突破式的创新呢？

而有些企业做得就很好。我看有些企业为了能够进行创新，专门成立了一个创新小组，不仅给予充分授权，还给了他们极大的空间，他们可以心无旁骛地投入创新中去。有些企业为了给员工创造创新的空间，采取了“弹性工作时间”，让员工可以自由安排自己的时间。如谷歌，20% 的工作时间是不需要工作的，留给工程师自由安排，他们称之为“工程师时间私有制”。

其次，创新需要交流。这一点可能很多人难以理解。如果没有和外界的交流，创新很容易变成闭门造车。

知识的进步往往需要两股力量来推动，一是内部探索的力量，二是外部刺激的力量。中国在这个阶段的知识进步缓慢、科技发展落后，本质上就是这两股力量不足。

在我们的近代史上，从清政府的闭关锁国，到建国后的文化大革命，我们先后两次主动断掉了内部的探索。而在新中国成立以后，以美国为首的西方对中国的态度大多数时间都是不友好的，在某些尖端技术领域，对中国更是守口如瓶。先进的技术和知识，不愿意和你交流，你的进步就会很慢，你的起点就会很低，在有些领域明明不需要、但是你必须得从 0 开始。

所以你就知道了“交流”这件事情在创新中的重要性。

我们要和老板交流，明确要做什么样的创新。我们要和客户交流，找到内在的需求。创新不是目的，通过创新给客户创造价值给企业创造效益这才是目的；技术能力不是关键，关键的是技能商品化、商业化的能力。

我们还需要和同行交流，聆听他们的声音；我们还需要和工人交流，看看他们的想法；我们需要和专业的人甚至跨专业的人交流，寻求更多的灵感……交流才能打破自我认知的边界，而那种突破式的创新，往往是处于“边界”上、而不是“框架”中的才能做出来的。

为什么真理越辩越明？一个人的观点要变得更加成熟，就是要与更多的观点碰撞。山本耀司说：“自己”这个东西是看不见的，撞上一些别的什么，反弹回来，我们才会了解“自己”。所以，和很强的东西、可怕的东西、水准很高的东西相碰撞，然后我们才知道“自己”是什么，这才是自我。

最后，创新需要机制。你除了告诉大家为什么要创新，更要告诉大家创新能给我们带来什么好处。

这就是我经常说的，要想统一思想，必先统一利益。统一思想难，统一利益很容易；统一思想慢，统一利益却很快。只有“好处”足够大，人们才会有动力。当创新有了高回报，人人都会去创新。

这个道理就和 90 年代初下海经商一样，不需要动员，大家却趋之若鹜。为什么？因为可以有一夜暴富的机会。这个机会是怎么出现的？因为中国不仅有好的环境，还有好的机制。

我有个学生，做制造业的。工厂里的损耗越来越大，就让大家提工艺改善/流程改善的创新和建议。动员了很长时间，没有人响应。原因很简单，建议好了你采纳了，和我也没有关系；建议不好不被采纳，我还没有面子。

后来在我们的课堂上做出一个创新机制，只要按照要求提建议就有 100/200/300 的基础奖励，当然建议是要表格化的，信口开河不行。如果被采纳了，帮助公司提高效率或者节约成本，增量 / 减量部分第一年奖励 50%，第二年奖励 30%，第三年奖励 20%。

无法在书中展开去讲，但是效果非常好。所以大家不缺乏创新的能力，只是这个技能被隐藏了。一个好的机制，就可以把大家的这个“隐藏技能”充分激活。

从国家层面来讲，创新的机制正在逐步形成。科创板的成立，大量资本的进入，让我们的创新风险变小了，回报变大了。中国接下来不仅会成为全世界创业最热的土壤，也会成为创新的热土。在未来，中国有机会成为全世界科技的中心。

科技战就是创新战，这场战争我们举国之力。中国人一认真，就没有我们办不成的事情。

第7章

目　标

长期目标&短期目标

尊严目标&荣誉目标

改善目标&创新目标

管理的目的，就是为了达成目标。如果没有目标，有效的管理就无从谈起。

但这是个老生常谈的话题，不应该出现这本关于新商业的书中。可是我思考良久，还是把它加了进来，因为对于一个创业者，不管在什么时代，都不应该缺乏目标。在这点上，我们不仅要比以前做得更好，而且，必须产生一些新的认知。

我遇到过很多企业家，在一次创业的时候是没有目标的。就是有目标，也是一个很模糊的目标，比如赚钱，比如让自己和家人活得更好。不要觉得这个不重要，它决定了我们做事情的效率。有没有清晰的目标，是职业选手和业余选手之间的重要区别。

先要解决一个基本问题：为什么一定要有目标？

因为目标就是方向，没有目标，人就很容易陷入迷茫。我见到一些创业者，获得一些成功之后，就不知道何去何从了，甚至开始吃喝嫖赌，为什么？因为最初的目标达成了，而又没有及时建立起这个阶段的目标，我把这个现象叫做“阶段性目标缺失”，于是就开启了混日子的模式。

员工为什么效率低下，每天混日子？因为没有目标。孩子为什么天天沉迷于游戏，不好好学习？因为没有目标，他甚至都没有想过自己想成为什么样的人。而另一个孩子，心中有明确的目标，想上什么大学，想读这个学校的什么专业，未来想成为一个什么样的人。你就知道这个孩子会做哪些事情、应该做哪些事情。

两点之间，直线最短。创业没有捷径，如果有，最大的捷径就是不走弯路。而不走弯路的第一个前提，就是你要知道终点在哪。

接下来，我要帮你重新理解“目标”。

长期目标&短期目标

首先是长期目标和短期目标。我们先来区分一下，什么叫短期目标呢？比如以年度为单位、以项目为单位，以月度为单位，以周以日为单位制定的目标，都是短期目标。什么叫长期目标呢？就是把时间框架拉到 3 年、5 年、10 年，甚至更久。

把时间框架拉到你所能想到的最长，定出来那个目标就不再是“目标”了，于个人而言，叫梦想，于企业而言，叫愿景。梦想也好，愿景也罢，是用来干嘛的？有人说“是用来实现的！”典型的鸡汤喝多了。梦想不一定能实现，但是一定可以支撑起我们的灵魂，让我们的灵魂自由的飞翔。梦想，是用来让人追逐、使人努力的。

我们谈谈企业的长期目标。一个企业最长期的目标就是企业文化中的愿景，那是你最终要到达的彼岸。所以文化是战略的战略，是公司最长久的战略。

这个时间框架要拉多长？没有标准答案。马云说是 10 年，我认为不止。既然是用来让我们追逐的，那它至少要能寄托起我们这代人的一生。那一定是一件值得我们这代人奋斗一生的事情。可能是 30 年，甚至更久。

所以这个最长远的目标该如何制定呢？桥水对冲基金创始人瑞·达理欧在《原则》一书中写道："难以完成的目标对英雄具有吸引力"。只有英雄才有勇气和魄力给自己定一个难以完成的目标，也只有难以完成的目标才能吸引到真正的英雄。

长期目标的核心，就是"远大"。只有足够远大的目标，才能对团队产生吸引力，才能对当下产生足够的影响力。有人说，足够远大，会不会脱离实际？定目标需要符合实际，要有实用主义精神；梦想则不需要，它需要的是理想主义精神。创业者要有感性的追求 + 理性方法论，这才是最完美的组合。

你们还记得美国的登月计划吗？最终有没有现实意义不重要，它激发起了美国上下科技创新的热情，支撑起了二战后美国第一阶段的科技发展。你们还记得星球大战计划吗？最终有没有实现也不重要，因为他同样激发起了社会各界对于科技进步的渴望，引领了美国第二阶段的科技进步。上个章节，我们提到了“创新”，其实了不起的“创新”一定是从伟大的“目标”开始的。常规的目标只需要通过努力或改善就可以完成，只有超常规的目标才需要改变实现的路径，进行突破式的创新。

所以，你可以大胆地写下你这一身最远大的理想：比如，成为世界第一，成为中国第一，成为世界 500 强，成为百年企业……不要觉得这很遥远，这是我们要用青春、用10年、用一生去追求的东西，永远不要低估 30 年后的自己。一个超凡脱俗、惊世骇俗的梦想，足以照亮你人生的路。

普通人制定梦想考虑的是自身的实际，高手只在乎这个梦想值不值得去追求。一个有着大追求的人，他的人生总不会太差，因为中国有句古话：取法其上，仅得其中；取法其中，仅得其下。“以月亮为目标，纵然失手也会落于星辰。星辰再低，也比山顶高，也更值得我们去奋斗。”这句话我不记得出自哪里了，这个时候很应景，送给大家。

我读《基业长青》，其中对我影响很大的一个点，就是伟大的公司一定都有一个“胆大包天”的目标。一个了不起的追求，不仅可以激发出自己的动力，还可以激发出所有人的热情。高手的世界里，不是过去决定未来，也不是现在决定未来；而是你未来的心，决定了现在的状态。

一个了不起的追求，还可以帮你吸引到杰出的人才。稍微有点想法有点能力的人，都会很在乎老板的追求是什么。如果员工感觉到你没有追求，有能力的人就不会追随你。高手的世界里，不是我有什么样人，再决定做什么样的事；而是当你决定要做什么样的事，才会遇见对应的人。

写到这里，有些还是不知道这个远大的目标该如何定。的确，这是和你的“见识”有关的，看看马斯克的那些匪夷所思的目标，这是常人无法企及的。我没有办法瞬间增加你的“见识”。但是我可以告诉你一个简单、通用的方法。

如果你实在不知道这个目标怎么定，那就先让自己“成为第一”，我把它叫作“登顶”。通过自己和团队的努力，先在这个行业实现登顶。首先，一定要给自己定一个范围，是在江苏成为第一，还是在华东成为第一，还是要成为全国第一，或者是要做世界第一。就好比选择一座山来作为目标，可以是珠穆朗玛峰，也可以是黄山，还可以是紫金山。其次，在给自己定个时间的期限。是 3 年、5 年、还是 10 年。

如果说创业就是登山，那“登顶”就是我们共同的目标。这不是一种执念，而是要给我们过去的努力一个交代；要给那些曾经信任过、帮助过我们的人的一个交代；我们在这个行业坚守数十年，也需要给自己一个交代。有时候登上山顶，不是为了让别人看见我们；而是为了让自己在有生之年，有机会看到最好的全世界。只有远大的目标，才能激发出我们动力和潜能，帮助我们变成一个更好的自己。

对于一个普通人来说，一生可能都不会知道一个伟大的志向意义何在，而这恰恰是他普通的原因。我并不是说做个普通人不好，而是没有追求不好，就是普通人也应该活的有追求。

阳明先生说："志不立，天下无可成之事"。一个人从普通到伟大的开始，就是有了一个了不起的梦想。并非有梦想就一定能实现，但是有梦想就一定会有追求。当你坚信自己一定能走到终点，那途中所有的遭遇你都能一笑而过。遗憾的是，有些人心中并无那美好的愿景，也因此丧失了前行的动力。

接下来就是短期目标了。它和长期目标是什么关系？它就是我们通往那个终极目标的阶梯。

愿景是 30 年的目标，是企业最长期的目标；你要把它肢解成 6 个 5 年计划，出现了企业的中期战略；在每个 5 年计划中，每年还需要有自己年度经营战略；在每个年度中，每个季度、每个月度、每周都要有具体的目标。

而我们的一切管理工作，都是围绕目标达成展开的。什么是成功？其实没有那么复杂，也没有那么难。每一个小目标的达成，都是一次成功。无数个小目标的达成，才能堆积起最终愿景的实现。

短期目标的核心还是“远大”吗？如果把时间的框架缩短、缩短、再缩短，缩短到每一天，“远大”就演变成了不切实际。所以，短期目标的核心是“科学”。对长期目标要有理想主义的精神，对短期目标则要偏重于现实主义。

我听说过一个小故事，对我的启发还是挺大的。全世界篮筐的标准高度是 3.05 米，这是国际篮联的规定，知道为什么是这个高度吗？如果太低了，大多数人都能够到，那这项运动立即就没有了挑战性，人们的兴趣就会降低。如果太高了，没有人可以够到，那大家又会觉得这项运动太难了，距离自己太遥远。3.05 米是什么？是对一部分人来说向往但无法企及，对另一部分人来说，需要足够努力才能达到的高度。这是一个最合理的目标高度。

我不想在这个章节和大家讲什么制定目标的 SMRAT 法则，我相信这些东西网上都可以搜索得到。我想帮助大家建立起对于目标的一些新的认知。

首先，在短期目标这个维度上，不要给自己定没有挑战性的目标，这样的目标对于你的成长不会有任何的帮助，还会给你营造出一种错误的成功感。

主动把目标设置的高一点，给自己制造挑战。如果是一个固定的任务，那就把时间设置的短一点，能 60 天完成的，可以不可以变成 50 天；能 30 天完成的，能不能变成 25 天。通过目标的压力感，来提高自己的效率，让自己变得更加优秀。

坚持高目标，才会有高标准和高要求。遗憾的是很多人在定目标的时候，就已经降低了对自己的要求。这才是真正的输在“起跑线”，还没有开始，你就输掉了。

这当中真正的难度在于，你既要保证目标的挑战性，还要保证这个目标不至于脱离实际。犹如篮筐的高度——3.05 米。一旦目标脱离实际，远远超出了大家的心理值，目标就会失效。

目标为什么总是完成不了？因为目标不科学，谜底就在谜面上。一个不切实际的目标，对员工是赤裸裸的伤害。你要知道，每一次目标的完不成，都会对我们的信心造成伤害。而每一次目标的达成，对团队来说都是一种升华。

最后，我希望你能深刻的理解，不管是长期目标有多长，还是短期目标有多短，它们之间是紧密衔接、不能脱节的。长期战略目标、中期战略目标、年度战略目标、月度经营目标、包括员工的绩效考核目标，它们都应该是一张“皮”。

尊严目标&荣誉目标

这里要讨论的是另一种目标类型，也是所有企业每年都要做的一件事情——每年的目标怎么定？为了方便大家理解，我们以营收目标（业绩目标）为例。

其实在学术界一直有种争论，就是这个目标到底是谁来定？到底是应该自上而下，还是自下而上？自上而下定目标，老板容易主观和理想化，忽略实际情况，只顾自己的需要，所以通常目标会偏高。自下而上定目标，员工又都会往低了定，因为想给自己留点余地，或者不想给自己太大压力，还有一种心态，就是想和老板要更多的资源和政策。

员工对于目标的认同很重要，如果一开始在目标上没有达成共识，完成目标的过程中就很难形成合力。为什么大家难以达成共识？因为标准不一，干部有干部的标准，员工有员工的标准，老板还有一套自己的标准。所以每个人都觉得自己定的那个目标才是最合适的。

怎么解决这个问题呢？就是通过统一标准来达成大家对目标的共识。说得通俗一点，设计一个科学的、公允的计算目标的公式。目标不是哪个人定出来的，是计算出来的。如此一来，谁都不会有意见。具体方法我们下面会提到。

在我接触中小微企业的10年时间里，总结了一套定目标的方法，在这里分享给大家。

首先，我从来不提倡公司定很多个目标。我曾经看到有不少企业的操作方法是定三个甚至更多目标，美其名曰“保底目标”“冲刺目标”“挑战目标”等等。经验告诉我效果不会好。目标定多了，一会分散大家的注意力，到底哪个才是我要努力的？而且，通常情况下大多数人焦点只会放在那个最低的目标上，其他的只是个摆设。

我们到底应该怎么定呢？最科学的做法，只定两个目标。

保底目标：也叫尊严目标，这个目标的制定要以员工为主。

挑战目标：也叫荣誉目标，这个目标的制定要以老板为主。

这样一来，就很清楚了。保底目标关乎尊严，是必须完成的。完成了有奖励，比如奖金；完不成有损失，比如奖金就没有了；对于带团队的人甚至还要有惩罚，或者关联的其他奖励，比如分红就没有了。挑战目标关乎荣誉，是大家在完成保底目标之后，要一起去冲刺的。这个目标完不成不会有惩罚，但是只要完成，一定要大大的奖励。

这两个数字怎么确定呢？给大家一个非常简单的计算公式。

保底目标 = 过去三年业绩的滚动平均值 + 行业正常增长率 + 企业正常增长率

挑战目标 = 保底目标 *（1+20%~30%）

为什么要用“过去3年业绩的滚动平均值”？是为了消除一些偶然的因素，比如前年运气好中了一个“大标”，比如去年运气差碰上了疫情，这样的单个年份都不能成为目标的参照。

什么叫“行业正常增长率”？一个行业正处于非常稳定的上升期，这属于自然增长。我们只要保持正常水平，就应该可以获得同样的增长。只要低于这个行业增长率，就是行业中下水平。所以很多企业家会盲目乐观，觉得自己过去5年都在增长，这已经很了不起了。在一个好的行业里获得增长并不难，看你够不够优秀的标准，是你的企业增长率能比行业增长率高出多少。

什么叫“企业正常增长率”？企业就好比是一个孩子，在发育期身高每年增长3—5厘米，这和个人的努力关系并不大，是这个阶段我们的自然增长，是企业自己的“势能”。企业的增长率就是除去行业增长，你在今年增长的部分占去年业绩的比例。当然，还有一种情况，也要算入企业增长的范畴，比如今年我扩大了销售队伍、扩大了生产规模。

举例，过去3年滚动平均业绩是1000万，这是我们参照的基数；过去3年行业正常增长率是10%，这里的自然增长是100万；过去3年的企业平均增长率是8%，这里的自然增长是80万。所以今年的保底目标就是1000万+100万+80万=1180万。简单，清晰，有效。

挑战目标就简单了，在保底目标的基础上上浮 20%~30%。为什么只能上浮 20%~30%？大多数人都会觉得低了。可事实是，如果每年真的完成，基本上就是 3 年翻一番的速度。这对于大多数的中小企业来说，已经是非常优异的表现了。

厚德以前定目标，就是个扯皮的过程，领导说低了，员工说高了。最后定出的目标看上去还可以，但是总有很大一部分人心里是不认同的，这大大削弱了大家完成目标的动力。现在，一切都变得简单、有效了。

你也是一样，学会把目标简单化，把制定目标标准化。让大家死死地把目光盯在保底目标上，全力以赴地去完成，一旦完成，再把目标聚焦在挑战目标上一起再向更高的目标发起冲刺。

改善目标&创新目标

当然，有人会不满足这样的线性增长。如果你要追求更大幅度的提升，就必须学会制定第三种类型的目标。

上面我们提到的保底目标和挑战目标都属于改善目标。改善目标是在以前的各种条件不变的情况下，通过流程优化、激发员工的动力来获得增长。所以改善目标有两个特点：1. 增长的幅度有限；2. 存在明显的天花板。基础很差的时候，改善的空间大，所以增长容易，增速也快；到了后期企业越来越成熟，改善的空间就变小了，增长会越来越难，增速也会越来越慢。

如果你要实现的不是从1000万到1100万的突破，而是从1000万到2000万的突破。那改善目标肯定是不够用了，就必须通过创新来改变“条件”，实现更大的突破。与之对应的，就是创新目标。

当然，改善目标如果要实现高增长，还有一个维度，就是规模化的复制。同样的打法，复制到其他市场，复制更大的团队，上更多的设备来增加产能等等。这也属于传统目标增长的维度，有个典型的特点，就是收入和投入成正比。需要增加收入，必须同比例的增加投入。

我在前文说过，创新不是目的，通过创新给客户创造价值，给企业创造效益，这才是目的。

怎么理解创新目标呢？我们以前的市场是在线下，今年我们成立了电商部门，开始进军线上，这对公司来说是个创新，这个有可能带来的业绩是未知的，也没有办法计算在我们上面提到的保底目标和挑战目标中。

我们以前是做直营的，门店只有80家。今年推出了加盟，开始进行招商。大家对于这件事是没有经验的，是需要创新的，结果也是未知。我们以前的工厂很传统，效率很低，今年不仅投入了自动化、智能化程度更高的设备，还增加了研发部门，对整个工艺和流程进行重塑。这是一项创新工程，结果也是未知。我们以前是 2B 的，现在尝试做 2C，结果怎样无法预测；我们以前是 2C 的，现在开始尝试 2B，尝试合伙人 / 代理商模式，结果怎样无法预测。

这种情况其实很常见，但是一旦出现，就会成为制定目标过程中的重大难题，因为上面给的公式“失灵”了。解决问题最好的方法，不是考虑这些因素，而是要把这些因素拿出来单独做考虑，额外增加一组目标，这就是我说的“创新目标”。

怎么区分改善目标和创新目标呢？如果这个目标是有内部的、清晰的参照依据，是可以计算出来的，那就是改善目标，它的特点是可测算。如果这个目标没有内部依据，或者数据不完整没有参考价值，那就是创新目标，它的特点是不可测算。

举个例子，我们今年要增加一家新的分公司，这个分公司的业绩能不能测算？如果能测算出来，就纳入改善目标；如果不能测算出来，就是创新目标。这里往往分两种情况，一种是比较成熟的公司，这家新公司是其第 21 家分公司了，这个时候做到“可测算”的可能性比较高，数据完整，模式可复制，经验丰富，这个分公司的目标制定就可以属于“改善目标”。一种是初创公司，这家新公司只是其扩张过程中的第一家分公司，这个时候要做“可测算”就很难了，因为还在摸索阶段，数据不完整，模式能不能复制还有待论证。你就是勉强测算出来的结果，恐怕也难以服众，所以这个时候，这个公司的目标制定应该属于“创新目标”。

还有一种情况，这家新公司虽然是其第 21 家分公司，但是是做海外市场的，请问它的目标是“改善目标”还是“创新目标”？虽然这家公司数据完整，模式可复制，经验也很丰富，但是我们认为这些都不能作为这家分公司的参照依据，因为环境完全变了，所以这个分公司的目标制定只能属于“创新目标”。

这里要特别强调一下，在做目标测算的时候，要参照内部数据，重视内部的样板，外部数据只能做参考，不能作为决策依据。每个公司的实际情况都不一样，你不能认为对手在那个市场 3 年做了 5000 万，别人用那个方法 1 年做了 3000 万，你就可以做到，这是强盗逻辑。企业和企业之间的实际差异太大了，别人做到你不一定能做到，你做到的别人也不一定能做到。

我们通过产品、技术、模式等进行创新，进而改变了原有的条件，才可能打破过去的天花板，实现突破性的发展。而这种种创新，也需要有一个阶段性的、量化的、结果导向的目标。这就是我所定义的创新目标。

创业者要对这个新目标有深刻的认识，才能用好这个目标。我在课堂上给大家提过建议，不仅是初创企业，所有企业在定目标的时候都要重视创新目标的制定。因为它可以保持组织的活力，让企业“永葆青春”。

在厚德，一个员工平均每个月只能出 2.5 张门票，我给他下个月定 4—5 张票的目标都是合理的，定 6—7 张也可以。他完成目标的方式就是：1. 把每个环节做得更好；2. 付出更多的时间，比别人更加努力。这个时候发挥作用的是：1. 管理者不断地优化流程，给员工赋能；2. 公司出台更多的激励政策，唤起员工的动力。

但是，我如果给他定 30 张票的目标，他只要延续过去的方法，就是做得再好、再努力也达成不了。只有打破常规，建立起新的方法，才有可能达到目标。于是，他不再给客户去打电话、去拜访了，因为以前的方式没有办法帮助他完成目标。他开始在他过去的学员中找商会、协会的客户，让他们帮他转介绍；他开始尝试运营自己的抖音号，去线上引流……

只有创新目标，才能倒逼员工去创新，倒逼组织去改变，倒逼企业去进行大量尝试。事实上，越是创业公司、越是新公司，越需要这样的创新目标。一是因为你们没有太多框架的限制，二是因为组织没有那么庞大，变革反而会更轻松。所以，打破常规，我们一起来创造更多、更大的可能性。

第8章

人 才

从以事为中心，到以人为中心

从以人为中心，到以人才为本

从以我为中心，到以他为中心

中国现在最缺的是什么？

有人说缺钱，中国现在最不缺的就是钱。你现在接到的最多的骚扰电话是什么？上个时代是卖房子的，这个时代是让你做贷款的，骚扰电话是很能说明社会问题的，说明过剩了。最多，只是你缺钱而已。

有人说缺好的项目，那可能是你的角度问题，我几乎每天都能收到别人给我发的项目计划书，我们办一场路演，收到的报名至少有 100 个项目。中国其实也不缺好项目。

不是钱，也不是好项目，那到底却什么呢？我们最缺的是：踏踏实实、靠谱的、能把事情做好的人。

人才，才是中国这个阶段最稀缺的资源。

从以事为中心，到以人为中心

人才，恰恰是成事的核心。我在我的课程中，反复和学员强调一个观点：企业家一定要建立起“以人为中心”而不是“以事为中心”的思维。

因为这个世界上所有的“事”都是现象，“事”本身千变万化，一个老板如果想做事，相信我，你永远都会有做不完的事，永无止境。即便你今天很努力也很幸运，把一天的事都做完了，明天早上醒来，又会有一堆的事在等着你。

一旦被“事”所困，大多会有两个结果。一就是忙，忙得不可开交；二就是在“事”上把自己的能力练的越来越强。有人说，能力变强不是好事吗？一个老板的能力太强，对企业的发展未必是好事。

当一个老板成为公司某个领域能力最强或者最专业的人，你就很容易成为这个公司发展的天花板。这个公司就会被你的能力所限制，永远做不大。什么时候才能有做大的可能性呢？就是当公司各个领域都开始出现比你更专业、比你更有能力的人，这个公司的天花板就慢慢被打开了。

李嘉诚先生一次采访时被问道：我看您投资港口、通信、地产……您投资这么多产业，难道您都懂吗？李嘉诚先生微笑着很有礼貌地回答他：如果按照你的逻辑，我这辈子可能会一事无成，因为我什么都不懂；我投资一个产业，只要搞定一个懂的人就好了嘛！

无独有偶，任正非也多次坦诚：在华为，我是最不懂技术、最不懂管理、最不懂财务的那个人，但是华为在各个板块都有专业的人在做。那领袖的作用体现在哪里呢？任正非说：“我提了桶糨糊，把华为15万人粘在一起，力出一孔、利出一孔，才有今天华为这么强大。”

所以一个真正的领袖，根本不需要什么都懂、什么都会，事实上你也做不到事无巨细、样样精通，你只要具备一项能力就可以了，这就是——如何驾驭更多有能力的人为自己所用的能力。

一个过于勤奋的老板，于企业的发展可能未必是好事。不是说勤奋不重要，甚至于成功来说，它是必不可少的品质，问题在于企业的发展纯粹靠老板的勤奋，老板需要一直很勤奋，那就可悲了。

作为老板，不需要只靠个人的勤奋，关键在于是他否有足够的智慧，让他的下属更加勤奋。一个人能成功不仅是因为他能成功的调动起自己，而是他能够充分调动起自己身边的人，利用好自己手上的所有资源，这才是关键中的关键。

小老板天天谋“事”，大老板直接谋“人”。从“以人为中心”到“以事为中心”的思维转变，是我们经营企业过程中一个重要的分水岭。

这个世界上的所有“事”都是现象，只有“人”才是核心。因为世间所有事，均是人所为。你搞定再多事也不一定能搞定人，但是你只要能够搞定人，就足以摆平天下所有事。

“人”和“事”之间存在着一种无法分割的必然关系。一流的人干一流的事，二流的人干二流的事，三流的人干三流的事。事情没有干好，本质上就是人不行。很多小老板之所以纠结就是因为：心中有个一流的梦，身边却是一帮三流的人。你能找到什么样的人，就能干成什么样的事。如此朴素的道理，很多创业者却不知道。

如果人没有到位，再好的项目也不能投，再好的业务也不能启动。我的经验告诉我，对的人来了，问题就解决了；可是错的人来了，问题不仅解决不了，而且还会带来很多新问题。

从以人为中心，到以人才为本

到这里还不够，我们的思维还得再升级一次：从“以事为中心”到“以人为中心”；从“以人为中心”再到“以人才为本”。

强调一下，是“以人才为本”而不是“以人为本”。“人”是成本，对于很多行业而言，甚至是最大的成本；“人才”才是利润，这才是公司真正的财富。

这个观点和华为的价值观“以奋斗者为本”很像。任正非认为，“人”不是根本，具有奋斗精神的“奋斗者”才是公司立足和发展的根本，所以华为的一切制度设计都在鼓励新进员工成为奋斗者、都在维护奋斗者的利益。

如何区分“人”和“人才”？“人”可替代性强，“人才”可替代性弱；“人”没有主观能动性，“人才”有强烈的主人翁意识；“人”只能做重复性的个人工作，“人才”具有创造力或管理能力；“人”的投入产出比低，甚至有亏损的可能性，“人才”投入产出比高。

事实上，从2010年开始，中国的劳动力人口数量达到峰值，人口红利就已经开始消失了。劳动力人口在减少，劳动者的素质却在提升，中国正在从人口红利转向人才红利。

而且，伴随着人工智能的发展，人的很多工作在未来都会被机器和人工智能所取代，但是人才所从事的工作，充满复杂性、多变性、挑战性，在很长一段时间内，是不可替代的。

所以，铁打的营盘流水的兵。未来的公司最优的结构就是“人才最大化，人员最小化”，在“人才”上加大投入，甚至不计成本的投入，因为他们是公司的核心资产；在“人”上则要减少投入、保守投入。

成为公司的“首席人才官”

未来所有行业的竞争，核心都是人才的竞争。你要想脱颖而出，需要做的第一件事情，就是链接和获取这个行业最顶尖的人才。

所以，所有企业都会变成同行，大家都是“制造业”。所有企业都要打造两条生产线，一条是产品线，一条是人才线。产品线决定这个企业能干多久，人才线决定这个企业能干多深。

产品等于价值，价值决定企业生命力，产品做不好，企业不可能做久，一切繁荣都是假象，经不起市场和时间的检验。人才是核心竞争力，产品是基础，事在人为，事能干到几分，完全取决于背后的人。这两条生产线，是一个企业能够立足的根本。

谁能够批量生产出这个行业最多的店长，谁就可以把店开到全中国；谁可以批量生产出服务最好的人才，谁就可以把服务做到行业的第一名；谁可以批量生产出卖产品最厉害的人，谁可以把销量做到行业的第一名……总之，谁能够拥有这个行业最优质的、最多的人才，谁就可以成为这个行业里最优秀的公司。

所以在未来，你可以不是公司的首席运营官，也可以不是公司的首席财务官、首席技术官，但是你必须成为公司的首席人才官。

一个企业家到任何时候，有四件事情必须自己亲自抓。第一就是企业战略，方向必须由你来定；第二就是企业文化，这是战略的战略；第三是核心资源，这可能是公司立足之本；第四就是人才建设，这决定了公司的发展。只有这四件事情，永远是“一把手工程”，无可替代。你也必须要在这四件事情上，练出无与伦比的能力。

既然是首席人才官，那一定要知道人才从哪里来，才能做到有的放矢。

获得人才只有两个渠道：外部吸引和内部培养。接下来，我们来解决一下这两个渠道该如何搭配使用的问题。这个逻辑问题不解决，就会陷入行为上的混乱和低效。

在企业的初创期，人才的获取一定是以外部吸引为主。这个阶段的企业，什么都没有形成，连做个像样的培训都很困难，一开始就想要自己培养人才太慢，而且不现实。我并不是说要放弃人才的培养，人才还是要培养，但是要考虑用人的“时间差”。这个阶段培养的人才只能在下个阶段使用，而这个阶段需要的人才，一定是通过外部的招聘获取。

选人比培养人要重要100倍。人选对了，不培养都可以把事情做好；人选不对，花再多时间去培养也是徒劳。在用人上，要有这种“拿来主义”的精神。

在这个阶段的企业，要更加重视选人。要尽量选专业的人、选有经验的人、选有结果的人，如果你能找到这样人，相信我，你的创业成功率会大大增加，更容易进入状态、找到节奏。

我不建议初创企业一上来就招人，一定要搞清楚这个阶段的核心矛盾是什么？人招来了你能留得住吗？能培养出来吗？能出结果、给企业创造价值吗？第一阶段要做的是，尽快把业务模式跑通，然后固化。只有具备了这个前提，并且有了一定的管理能力，才能大面积招人。否则，就是竹篮打水一场空。

我见过很多初创企业，不敢用有能力有经验的人，宁愿用新人，还美其名曰“可塑性强”。这样的人大多存在一种心理：有能力有经验的人不好管，拿捏不住。这其实是对自己的不自信，这种心理会让你兜个大圈子，走很多弯路。

公司的前 30—40 个员工，老板要亲自招聘、亲自把关。第一是因为你要把控人的质量，没有人比你更清楚企业需要什么样的人；第二是因为这些人是公司的第一批员工，他们还决定了公司的文化基因，很多习惯的形成、规则的形成就是从这个阶段开始，这个基因一旦形成就很难再修改。

我记得马云有一次在分享中提到，阿里巴巴还在 300 人左右的时候，他还在亲自负责招聘的事情，这才是真正的“首席人才官”。

厚德现在所有分子公司的一把手、二把手，几乎都是当年我招募进来的，很多人还是我亲自带出来的，他们大多数人都是厚德创业的元老，伴随我们渡过了创业最艰难的阶段。有这样的经历作为基础，团队的凝聚力就会强，沟通效率就会高，也更容易形成战略上的共识。

在企业的发展期，一定要具备自主培养人才的能力。到了这个阶段的企业，可以腾出手来去培养人才了。一是因为没有了生存的压力，而是因为组织逐渐成熟，管理能力在提升，业务模式稳定化，具备了客观的招人和培养人的条件。

外部的人才招募是输血，内部的人才培养是造血。一个企业如果一直都没有“造血”的能力，肯定“活”不久。要想健康的发展，就不能让“输血”成为常态。

特别是一线的干部，这对于任何企业来说，都是核心的生产力来源。所以在这个阶段，必须形成大量培养和复制这种人才的能力，并要把这项工作上升到战略层面，当做一把手工程，老板亲自来抓。一个公司如果连一线的干部都要全要靠到外部去挖，这个公司就是现在表现得再好，也只能是昙花一现。

在企业的成熟期，自主培养的人才要挑大梁，外部人才只能做补充。到了这个阶段，自主培养的人才要开始挑大梁，成为绝对的主力。但是也会出现一些因为内部战略调整，而急需的一些专业人才、特殊人才要靠外部引进。

公司的战略目标和组织能力之间经常会出现不对称的情况，这就是你们说的“能力配不上野心”，所以发展过程中为了迅速弥补组织短缺的某种能力，我们是需要“空降”这种形式的。但是任何事情都要把握好度，我见过有些公司的高层 7 个人全是“空降兵”，相互之间的磨合太难了，而且很难让老人所接受，这样的“雇佣兵”军团想要实现很强的战斗力难于登天。

这个阶段，员工招聘不需要你亲自上阵了，你需要做好的就是招聘的标准。但是关键人才的引进依然是一把手工程。我见过很多杰出的企业家，整天到处跑，看上去喝茶吃饭，其实就是为了人才，不厌其烦，煞费苦心。

在职业经理人制度盛行的今天，很多人开始迷信职业经理人。这是趋势不假，但是内部培养出来的职业经理人一定比外部空降的职业经理人更有优势，成功率也更高。

《基业长青》一书告诉我们，所有伟大的公司都有一个共同点，叫“自家长成的经理人”。我们都知道杰克·韦尔奇，但是他并不是通用历史上最杰出的领袖，他的前任如雷杰·琼斯，在美国也是极负盛名的企业家。通用公司的伟大，就是在长达 100 年的时间里，培养了很多位如杰克·韦尔奇一样的商业领袖。这些领袖都有两个共同点：第一全是内部培养起来的，第二都通过了公司的层层选拔。

吉姆·柯林斯的报告告诉我们：“在高瞻远瞩的公司加起来总共 1700 年的历史中，我们发现，只有 4 次外人直接接任 CEO 角色的个别案例。”

我在过去几年服务中小企业的过程中，见过太多高空降失败的案例。由于中小企业的制度不够健全，所以这种本土化的失败案例数不胜数。

是因为能力不行吗？这绝不是重点。比起能力之外，还有两个因素成为高管空降的重要阻力。第一，就是企业的具体情况到底够不够了解？很多好的东西、看上去先进的东西，是否真的适合这个阶段的企业？第二，就是能否得到全员的接纳？特别是其他高管和元老。所以这些外来的高管，不仅要有很高的智商，还得具备极高的情商才有可能把工作做好。因为他们必须在正式开始工作前，做很多非正式的工作，用于化解那些看不见的阻力。这个工作如果没有做好，就已经失败了一半，和能力无关。

在招聘权的下放上简单说几句。首先，在员工招聘上，内部必须达成高度共识。不管是谁在招人，必须有一致的招聘标准，清楚企业需要什么样的人。并且通过标准的招聘流程、面试问题清单、或者笔试来保证找到企业喜欢、而不是某个人喜欢的人。

其次，有招聘权的人必须清楚地知道公司不要什么样的人。你可以不知道公司需要什么样的人，但必须知道公司不需要什么样的人。在厚德有个特别的传统，具有招聘权的经理必须有开过人的经历，一个人从来没有开过人，就不给你招聘的权力。这个传统我们一直用到今天，效果很不错。

一个公司在初创期能否成功，取决于你用了什么样的人；一个公司在成熟期能否成功，取决于你开了什么样人的。

找到对的人比找到最好的人更重要。我曾经和一个领导喝茶，期间他说到对一个下属的看法，“他的能力不是最强的，而且会耍小聪明，但是为什么还要用他？因为他是这个阶段最合适的人选。”这段话当时对我启发还是很大的，我们要追求的是“用对的人”而不是“用好的人”。

不要盲目地给一支没有经过训练的杂牌军列装最先进的武器装备，一是代价太大，二是匹配度差。他们不能把武器的价值最大化，再好的枪到了手里，也只能当烧火棍一样用，这是一样的道理。

和战略目标匹配。我有一次去一家学员的企业走访，这个公司新来的总经理给我们做了一个长达 40 分钟的分享，主要讲公司在未来 3 年的规划，目标是要从现在的 1 亿做到 10 亿元人民币。3 年实现 10 倍的增长，是有很挑战性的。这个总经理分享的神采飞扬、吐沫横飞，但是逻辑上却漏洞百出。

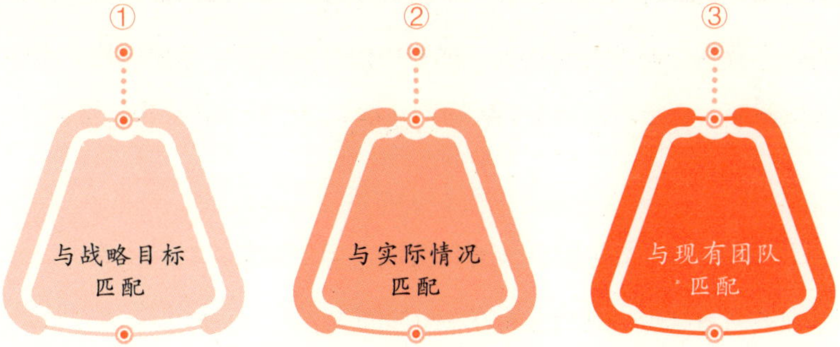

图 9　如何找到对的人？

于是在中午用餐时，我就问我的学生这个总经理是怎么招来的，他告诉是朋友推荐的，创业失败在家赋闲阶段，聊得很投缘就来了。我问他为什么创业失败？不知道。有没有成功过？也不知道。这样的关键岗位，用人居然如此盲目。我最后问他年薪多少，他说，15万。此刻，我就知道这个目标达成的概率很低了。

3年时间从1亿到10亿，这是飞机的速度，可是现在却给公司装上了一个拖拉机的马达。你要实现这样的目标，就要找一个能帮你实现目标的人。最好的也是风险最低的方式，就是去找一个曾经操盘过10亿级项目的经理人。

你要做线上，就要找一个做电商的强人；你要开始做连锁，就要找一个招商厉害的人；你要做研发，就要找一个技术的大牛。和战略目标匹配，就是按图索骥式的去找人。

相反，如果不是你这个阶段的战略目标所需要的人，再厉害也没有用，甚至有可能带乱你的节奏。我这个阶段的目标是要过河，所以你要找个游泳厉害的人，或者搭桥厉害的人。结果你找来个跑步厉害的，找来个盖房子的专家，这反而会不利于你的目标达成。

和实际情况匹配。分清楚公司在哪个阶段，然后找到可以帮你突破当下瓶颈，顺利进入下一阶段的人。

找人才不能低配，也不能太高配。用低配的人，看上去是省钱了，其实是赔钱，因为事情干不好。用太高配的人，不仅多花了钱，事情也干不好，这些人不是能力不行，而是太行了，所以容易曲高和寡，和我们不在一个频道上。

有人蒙了，不能低配，也不能太高配，那到底找什么样的人？标准答案是“适当高配”。

我举个例子，比如招管理人员。如果你公司现在只有 50 人，你要找个曾经有过管理 50 人的经验的人，那叫低配。你的问题也是他的问题，他的问题也是你的问题，你指望他来帮你解决问题，他却希望能在你这里学习经验，这是典型的互相耽误。找个曾经有过管理 1000 人经验的人，那叫高配。他的经验是有价值，他也有能力，但是他的能力和经验和你的需求有可能是“脱节”的。

什么叫“适当高配”呢？就是找个曾经有过管理 200—300 人的经验的人来帮助你。他刚刚走完你将要走的路，有着“新鲜出炉”的经验。

你是小学生，不能找小学生甚至年级比你还低的来辅导你；也不要找个大学生来辅导你，成本高效果还不见得好。最合适的、性价比最高的就是找个初中生来辅导你，不仅有能力有经验，就连经验也是“新鲜”的。

“新鲜”经验的意义在于，第一他还在熟悉的阶段，不至于生疏；第二时间过去不久，环境变化不大，经验仍然适用。

2000年，阿里巴巴的管理其实一团糟，马云找到了关明生加入。关明生何许人也？履历惊艳，能力出众，加入阿里前任职在通用电气，管理2000—3000人的队伍，所以一转身再去辅导阿里这样的公司，就会绰绰有余。

认知这个东西，领先的维度越高越好，因为看问题会更加通透。而经验这个东西，领先的维度太多反而会造成沟通上的障碍和内部的消耗。因为企业的经营是循序渐进的，有它固定的成长规律。小公司盲目学习大公司的做法，结果可能会适得其反。

你初创阶段，就要找成长阶段的人来帮你；你在成长阶段，就要找到成熟阶段的人来帮你。你想把公司做上市，就找几个上市公司的高管来帮你；你要做到世界500强，就找几个世界500强企业的高管来帮你。

和现有团队匹配。这里说的是，再找人的时候，要考虑他和整个团队的匹配度，相互之间能够优势互补？能不能达成默契、高效协同？能不能让整个团队变得更加完整？这该如何实现呢？我总结了两个方法，分别叫："基因匹配"和"角色匹配"。这和我们传统认知的"人岗匹配"存在着明显的差异，但是并不冲突。

过去我们招人讲究的是"人岗匹配"，但是这个模型的建立相当的复杂，你需要了解这个岗位，建立起胜任力模型，还得有一身

“识人”的硬功夫。什么叫“基因匹配”呢，就是根据以往的经验，找出某个岗位上最优秀的员工，并总结他们的共性，这些共性就是这个岗位可以做的“基因”。然后，在招聘的时候找和他们相似度高的员工。用“基因匹配”的思维，你不再需要去研究岗位，你只要研究人就可以了。

招聘要做到效率高，就一定要做到有的放矢，也就是你必须清楚地知道什么样的人能够把这份工作做好，形成清晰的“人才画像”，才能高效地去招人。那什么样的人才能把这个工作做好呢？最简单的思维，就是把公司这个岗位上历史上表现最好的 TOP3/TOP5/TOP10 拿出来进行分析，找出他们共同的“基因”。

比如，这些是男性还是女性？性格是外向还是内向？是结婚的还是未婚的？是本学还是专科？是本地还是外地？……

而且通过这样的方式招聘来的人，进入团队后融合的速度也会变快，老员工也会更为期待，这些人在工作的过程中也更容易合拍。谷歌甚至会邀请公司的老员工一起加入对应聘者的面试评估，并且充分尊重他们的意见，因为最终他们才是要一起并肩作战、朝夕相处的人。

“基因匹配”这个方法会帮助你快速招到合适的人，但是也有个缺点，就是会让公司的人才结构变的单一。所以才有了第二个思路，叫“角色匹配”。

什么叫“角色匹配”呢？未来的很多工作都是要靠团队来完成的，一个人的能力再出众，也干不过一个团队。这就好比军队一样，并不是步兵厉害就是所向无敌，你的海军和空军实力在现代战争中变得更加重要，要相互协同。哪怕是步兵作战，各个兵种之间也要相互配合，发挥各自的特长，才有可能取得一场战斗的胜利。

不要依赖“兵王”，什么都会什么都能，一夫当关万夫莫开，这样的人有，但是绝对的小概率事件。

以销售为例，一个销售团队中可能会有很多种角色，按照工作流程来分工，有人负责抓潜和邀约，有人负责拜访和建立关系，有人负责技术支持。还可以有另外一种划分方式，有人负责带整个团队专门用来抓业绩，有人负责做“政委”专门做员工关怀，有人负责当“师父”专门负责教徒弟，有人负责当“老师”专门负责新人培训，有人负责做“逗比”专门负责搞氛围。

你会发现这些角色都重要，角色的缺失，某个功能就实现不了，整个团队的战斗力就会受损。

从以我为中心，到以他为中心

我遇到很多创业者和企业家问过我一个问题：“怎么样才能把员工留住？”

甚至有些问题已经焦灼到员工已经多次提出要走，老板硬是凭借一幅三寸不烂之舌，或晓之以理动之以情，或许之以高官厚禄，把员工“拖”住不让离开。

我在创业最初的那两三年，最怕的事情就是过年。小时候最期待的事情，竟然成为这个阶段最恐惧的事情。因为每年过完年都会有一大批员工离开，人一走，就感觉去年一年围绕团队做的所有事情都付诸东流。每次过完年，都会有一种重新来过、再次创业的感觉。

也正是这样的一段经历，引发了我对这个问题深刻的思考。

员工不是靠“留”下来的，而是靠“吸引”来的。当员工决定要走的时候，想“留”是留不住的。中国有句古话，叫做“人往高处走，水往低处流”，这是个自然规律，谁也战胜不了。

当员工来的时候，你一定是他心目中那个“高处”。当员工要走的时候，要么就是发现事与愿违，这里并非他所期待的样子；要么就是员工的成长速度超过了公司的成长速度，这里已经不再是他心目中的那个“高处”了。

当一个公司的老员工、稍微有点能力的员工普遍都存在想走的心态时，要引起我们高度的重视。这个现象说明：你已经不再是人才心目中的“高地”。当外部的人才不愿意加入，自己培养的人才又要离开时，企业的发展就已经开始走向穷途末路。

所以我的观点是：不要想着如何把人留住，而是要想着把公司经营成大家心目中的“高地”。不是让他不能走，而是让他不想走。

如何成为员工心中的“高地”？这个“高地”又该如何营造？

员工离开公司，从本质上来说，就是想要的东西在这里没有得到。伴随时间推移，他自身的需求在跃迁，而这些高维度的需求公司满足不了了。从马斯洛需要层次理论来看，员工的生理需求、安全需求比较容易满足，毕竟用钱就可以满足，而且这种需求很直观。但是到了社交需求、尊重需求、自我实现需求，就比较难满足了。

而这些隐性的、深层次的需求对于人才来说，反而更加重要。毕竟这些需求，普通员工是不会产生的。比如社交需求，首先对于一个温饱问题都没有解决的人，这个需求是不会显现得很强烈的。一个显现出强烈社交需求的员工，也绝对不再是一个普通员工，他可能已经进阶为公司的中层干部了。

在社交需求这个层面，有一种需要叫成长需求，在这部分人身上开始显现出来。他们从以前只关注收入，到现在开始关心个人的成长。这种成长体现在两个方面，一是上升空间，我在这个公司是不是已经到“头”了？如果没有空间他可能就会选择离开。二是个人成长，我在这个公司能不能学到东西？如果学不到任何东西，甚至自己已经是最厉害的那个人了，他也会选择离开。人在这个阶段，开始想成为更好的自己。他会因为自己的没有成长、没有变化而恐慌。

所以，员工离开，并不是只因为钱。越是高层次的人才的离开，越有可能和钱没有关系。

所以，你能经营起人在哪个层面的需求，你就能吸引哪个层面的人。成为员工心中的“高地”，就是尝试满足员工更高维度的需求，更加全面的满足员工的需求。

我曾经带我的一帮核心学员开私董会，一个学员提问：如何才能吸引到我这个行业的高质量人才？我说，这个逻辑就是错误的。要想解决这个问题，不能以我为中心，要以他为中心。换个角度，解决两个核心问题：这个行业的人才最希望得到的是什么？如何才能满足他们的需要？只有这样，才能把公司营造成他们心目中的“高地”，让我们成为一家被员工选中的公司。

“用户思维”同样适用于对于员工的管理，事实上员工才是在老板心目中优先级第一的用户。你只有把员工服务好了，只有吸引到了更优秀的员工，才能更好的解决产品、服务等各方面的问题。所以，在接下来的创业中，尝试把公司当做一个“员工商品”来经营，致力于把它打造成一个用户体验极佳的产品。

接下来我们再来讨论一些相关的问题。这些都是我们创业中常见的问题。

看了我们上面的阐述，如果再有人和你说要走，你就应该就知道如何处理了。首先分清楚两种情况：一种是要“假离职”，这种员工是受一时情绪的影响，如同夫妻吵架说离婚，说了很多次但是并不会真离。如果是这样的情况，我们还是要花时间去挽留，问题的根源是在情绪，你要帮他去打开心结，化解情绪。有人说，一个员工老是有情绪那也不对！是不对，可是人在成长的过程中总会经历从不成熟到成熟的阶段，人在遇到矛盾冲突的时候难免会有情绪，对于这种性质的问题，我们要一边学会包容，一边帮助他成长。

还有一种情况就要另当别论了，员工不是“假离职”，而是想的很清楚、下定决心的“真离职”。这样的人就没有必要再去多费口舌了。不要想去力挽狂澜，他离开的核心就是你不再是他心目中的“高地”，说白了，就是需要的东西在这里得不到了，力挽狂澜的代价就是你出很大的“力”去满足他的需要，另一面的代价就是打破公司现有的平衡，甚至透支公司的能力。如果公司的“环境”没有改变，只是改变了个别的“条件”，即便留了下来，这个人要么被环境同化沦为庸人，要么会不断要求你改变条件，得不偿失。

我们有时候还会有种小聪明的心态，叫“缓兵之计”。说服员工留下来再干三个月，一来看看有没有挽回的机会，二来可以更好地交接工作，三来还可以给自己争取时间培养接班人。相信我，一个已经决定要走的人，站不好最后一班岗。这三个月时间，会给你培养人？会给你做好善后工作？会发挥自己最大的能量？还是会为自己的下一份工作做好准备？发挥的负面作用远大于正面作用。这很现实，但无可厚非。

正确的做法是：当断则断。我遇到这样的情况，处理方式非常简单，不用干完今年，不用干完这个月，既然决定要走，给你三天时间，把工作交接好，然后走人。这不是无情，而是雷厉风行。

如果是关键岗位的人离开，对公司其他人势必会产生一定的影响，降低影响最好的方式，就是不要遮遮掩掩地去回避问题，而是积极热情地去拥抱问题。我们的做法，就是搞个欢送会，回顾此人在公司的点点滴滴，作出的贡献，得到的表彰，获得的成长……在“痛并快乐着”的氛围中送他离开。你看，对于即将离开的人，我们都是如此的有情有义。

另外，一定要善待离职的员工，请记得我的这个忠告。不要忽略这部分人的影响力，过河拆桥的心态，翻脸不认人的做法，会给你埋下很多的隐患。我有个特别的习惯，就是喜欢找离职的员工聊聊天，这不仅是善待他们的一种表现，更是希望从他们口中得到真实的建议。这部分人，可以毫无负担的、非常客观的给你很多真实的、尖锐的建议。

第9章

组　织

从追求管理，到没有管理

从雇佣关系，到合伙关系

从知本时代，到心本时代

从层级制组织，到平台型组织

我这几年遇到的频率很高的一个问题就是：王老师，为什么现在的年轻人这么难管？

关于新生代员工的管理，这是大家普遍关注的一个问题。由于这部分人个体之间和以前的员工存在很大的差异，所以对企业和管理者也提出了新的要求。这个话题也成为管理学界这些年的热点之一。

面向未来的管理，可能会和你过去在 MBA 课堂上学到的、经典书籍中读到的有很大的差异。甚至，很多过去我们奉为经典的内容，在今天已经没有了参考价值。我们如何才能管理好新生代员工？我们到底要打造一个什么样的组织？这是所有的创业者在二次创业前必须思考的问题。

在研究这个问题之前，我们首先要对于“新生代员工”的下个定义，这部分人就是职场中的“90 后”“95 后”“00 后”员工。

以往我们划分代际是 10 年为一个阶段，60 后、70 后、80 后，这种习惯延续了很多年，但是现在画风突转，到了 90 后，变成 5 年为一个代际。为什么要这么做？因为同为 90 后，但是 90—94 出生的和 95—99 年出生的也存在着个体上的明显差异。这也足以说明年轻人的变化有多快。

2018 年 1 月 1 日，我和同事讲，这一天意义非凡，我们将进入了一个新的纪元。有人很不解，问我为什么。我说："因为从这一天开始，00 后成年了，他们开始走向舞台，并逐渐成为主角"。

当然，这对于企业来说，也是一个新的挑战。他们要么会成为你未来的客户，要么会成为你未来的伙伴，如果你没有办法走近他们、了解他们，你就没有办法走向未来。

为什么很多人觉得新生代员工不好管？这样的抱怨我在过去几年听到的实在太多了。厚德现在进公司的新员工几乎都是 95 后，甚至还会出现个别 00 后，在组织建设和管理实践的道路上，我和大家一样也在探索和学习。之所以做不好，我觉得原因只有一个：不是新生代的员工不好管了，而是你过去的管理方法失效了。

为什么说以前的管理方法失效了？这当中有两个主要的原因。

第一个原因是，经验和知识在加速折旧，管理者的权威在慢慢消失。

过去管理者的权威大多体现在知识和经验的优势上。而在今天，我们和年轻人之间的这些差距在慢慢消失。

过去别人服你，是因为你的经验比他丰富，可是在环境快速变化的今天，你的经验在快速折旧，你过去的方法不一定是最好的，甚至有可能是错的，所以你很难再让年轻人信服。而知识优势则更加脆弱，它是建立在信息红利之上的。我们懂的比他多，是因为在传统社会中，信息获取量是和时间是成正比的，你在这个岗位上待的时间越长、年龄越大，经验就越丰富，知识积累的就越多。而在信息社会，年轻人获取信息的渠道更多、速度更快、更加丰富，这让传统管理者的知识优势加速消失。所以面向未来的管理者必须构建起新的优势，否则你一定会觉得年轻人会越来越不好管。

第二个原因是，年轻人的追求开始多元化，而我们开始跟不上他们的变化了。

以前的员工价值观比较单一，从马斯洛需要层次理论的角度来讲，大多数人工作的起点都是生理需求。说得通俗一点，钱给够了，都好说，他们大多数都是把钱放在第一位的。钱给得多，就多出力，钱给得少，就少出力；钱给到位就干，钱给不到位就不干。我们很多企业家以前都在抱怨，说员工都太现实、太物质了，现在是不是开始怀念那个时候的员工了？谈钱的员工，反而好拿捏。当员工不和你谈钱的时候，问题反而复杂了。

现在的年轻人的追求开始趋向于多元化，他们希望工作没有压力，希望更加自由，希望有一个更好的工作环境，希望工作能够更加开心，希望可以展示自己的才华，希望能学到更多的东西，希望能交到更多的朋友……以前的管理者，从来或者很少会面对这样的问题。

不是说新生代员工不在乎钱了，而是他们不再会单一的只看钱，他们会有更多的指标来决定这份工作要不要做、这个公司要不要留。在很多新生代员工的心目中，钱已经不再是最重要的因素了。

所以综上所述：传统管理者过去的优势正在消失，新生代的员工内在的需求正在变化。不是他们不好管了，而是我们过去的管理方法行不通了。

我在网上看到过一个段子，形容不同年代的人对于“离职”的看法。虽然只是段子，但是我觉得还是很形象和准确的描述出了这些具有不同年代背景的员工的普遍心态。

60 后员工：什么是离职?

70 后员工：为什么要离职?

80 后员工：收入不高我就离职

90 后员工：领导骂我我就离职

95 后员工：感觉不爽我就离职

00 后员工：领导不听我话我就离职

再和大家分享一组数据：70 后的第一份工作平均超过 4 年，80 后是 3 年半，90 后是 19 个月，95 后只有 7 个月，00 后低于

3 个月。我不知道你看完这组数据是什么感觉，我看到之后还是很有危机感的。

当我们的变化跟不上年轻人的变化时，就会被年轻人所遗忘，而他们代表了真正的未来。

从追求管理，到没有管理

上个时代，我们研究的是如何管理；下个时代，我们要研究的是如何不管理。我们学习管理、研究管理、实践管理是出发点，最终都是为了实现没有管理，管理的最高境界就是“没有管理”。

管理的发生其实已经产生了看不见的消耗，因为这个世界上没有人希望被别人管理，你也是一样，可是你却希望可以更好地管理别人。你小时候希望被家长管吗？在学校希望被老师管吗？在家里希望被老婆管吗？在公司会希望被领导管吗？……你想管他，而他不想被你管，这就已经产生了消耗。这个矛盾，在新生代员工中进一步激化。

不仅产生了看不见的消耗，还产生了看得见的成本，只是很多创业者不会核算。你的管理越规范，管理成本就越高；越是大公司，管理成本就越高。所以我一直不提倡创业者在创业之初就追求管理的规范。在中国，中小微企业很长一段时间内，最大的优势就是“不规范”。

我不是说不要规范，我是说在追求规范的道路上一定是循序渐进的，不能犯“冒进”的错误。当管理的成本高于管理所能带来的成果，管理就是无效的。

“没有管理”的状态不是我凭空捏造，这种思维其实由来已久，老子把这种状态称之为“无为而治”，就连杰克·韦尔奇先生也认为“管理越少，公司越好”。

“没有管理”不是真的没有管理，而是组织中的每个个体都可以实现高效的自我管理，最终成为一个“自组织”，我把这种状态称之为“员工自动自发，企业自动运转”。

这种状态好比是地球，每天都在有序的自转和公转，但是不需要任何的外力。至少人类到目前为止还没有办法创造出“流浪地球”那样的动力。这种状态就好比是卫星，我们只要设计好轨道，造好卫星，再用运载火箭把它送到轨道上，它就可以实现自动运转。创业者最重要的事情，就是让它“上轨道”。这是吉姆·柯林斯所说的“造钟，而非报时”如出一辙。

过去的员工呢？你推一下，他就动一下；你拉一下，他就走一步。没有外力的情况下，打死都不动。管理者累，就是因为你就是这个提供“外力”的来源，你不能停下来，你一旦停下来，整个机器都会停止运转。

有人说，这种状态太理想化，太遥远了。其实不然，在每个公司里，都有个别人已经实现“自我管理”“自我驱动”和“自动运转”的状态，我们只要把这个个体身上的规律找到，并形成一套可以复制的系统，把它移植到其他人身上就可以了。

这个个体是谁呢？就是创业者本人。在工作过程中，我们的状态好吗？心态积极吗？有动力吗？工作有结果吗？对公司贡献大吗？……最后，你需要被管理吗？需要制度来约束你几点上班几点下班吗？需要考核来限制你才能完成目标吗？需要流程管控才能保证效率吗？公司里最有效率、最有价值的那个人，居然不是被管理出来的。

那为什么你可以保证这样的状态，而其他人不可以？最核心的因素是什么？

这当中最大的玄机就是“有关”。公司做得好与不好？和谁有关？和谁关系最大？谁是最大的受益者？人们只对与自己有关的事有意愿，这就是人性自私的一面。“事不关己高高挂起”“自扫门前雪”，这都是正常的，而你之所以痛苦，就是因为觉得这不正常。不要去抱怨人性的不堪，这正是你成功的机会，正是因为有人唯利是图，你才有利可图。管理之道不在于谁能驾驭更多君子，而在于谁能领导更多小人。

我在课上曾讲过一个重要的观点：管理者最重要的能力，就是让人进入“有关”状态的能力，领袖的终极智慧就是“有关”。

这个世界上没有人关心你有多大的光芒，人们关心的是你的光芒能不能照耀到我。这个世界上没有人关心你的梦想是什么，人们关心的是你的梦想与我有什么关系。这个世界上没有人关心你能不能成功，人们关心的是会不会因为你的成功而让我变得更加成功。

你能让你的成功和谁有关，谁就会希望你成功；你能让你的成功与多少人有关，就会有多少人帮助你成功。在这个世界上，有多少人希望你成功、帮助你成功你就能取得多大的成功。你一定要认清一个真相：我们这一生能获得多大的成功，不是取决于个人的能力和努力，那是极其有限的；而是取决于你能在这个世界之上，获得多少“外力”。

人只有两种状态：“有关”和“无关”。

我们过去认为员工工作做不好，是能力问题，是方法问题，其实不然。只有 1% 专业性极强的工作结果和能力、方法息息相关。99% 的常规工作能否做好，完全取决于他的态度。他的态度由什么决定？很大程度上取决于他处于哪种状态。“有关”和“无关”。

人就好比一盏灯，处于“有关”状态，就是亮的；处于“无关”状态，就是灭的。一个员工跟着你干了 5 年都没有亮过，我们就认为是灯坏了，其实不是，是老板没有智慧，你用了 5 年时间，都没有摸到这个人的“开关”，让他进入“有关”状态。

那如何才能让人进入“有关”状态呢？核心在于机制。要让人在哪件事上有动力，就必须用机制把“人”和“事”建立起关系，让他进入“有关”状态，一旦有关，马上自转。

机制研究的就是：人，事，钱。通过钱，把人和事连接起来。

如果你总是寄希望于员工把事情做好是基于道德或者人品，那你输的概率就会无限增加。我们以前的管理效率低，很大原因就是总想统一人的思想，我不否认这很重要，但是你要看到另一个事实，就是这很难，而且需要时间。其实可以有个捷径，就是统一利益。统一思想需要3年，统一利益只要3分钟。

你要想把团队变成事业共同体，必须先成为利益共同体，这是我们生存的底层建筑，绕不过去的。做一件事情对谁有利，谁就有

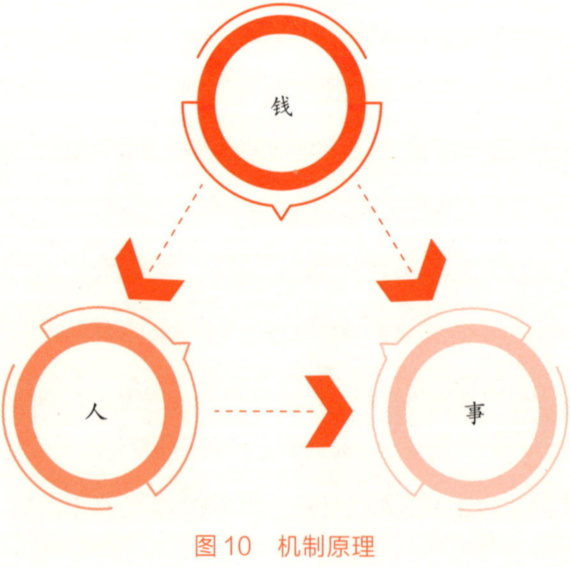

图10 机制原理

动力。机制就是通过统一利益，让人进入有关状态，产生自动自发的动力。

我举个例子，比如洗车。以前的管理是研究洗车的流程、节点、监督、反馈、奖惩、改善，但是你要相信，再怎么改善，即便做到极致，效率也是有天花板的。我们所有的东西制定的都很好，但是员工就是敷衍，动作就是慢，就是不到位。你盯着我，我就好好干，不盯着我我就偷懒。今天心情好，我就好好干，心情不好，我就带着情绪干。传统的管理，能解决这个问题吗？

机制就是换了一个角度，先解决一个问题——车是谁的？你一定要相信，再优秀的员工，也不愿意用一辈子的时间、心甘情愿地擦一台别人的车，特别是今天的年轻人。

问题是，我怎么能把车变成是他的？方法其实很多。比如，你可以让他有机会成为这台车的主人，只要好好干，到一定的时间，并拿到一定的结果，就可以成为公司的合伙人。再比如，你可以改变一下规则，车子轮流使用，谁用谁擦，谁也不希望自己开车出去的时候自己的车子脏兮兮的。

总之，要实现“没有管理”的状态，核心在于能不能建立起一套可以让员工为自己干的机制。只要是给别人干，就需要被别人管理；只有给自己干，才能实现自我管理。

管理和机制之间的关系是此消彼长的，管理要最小化，机制就要最大化。管理是告诉员工怎么干，机制是让员工愿意干。管理是经营好人的体力和脑力，机制是开启人的心力。管理就是做到极致，效率也是有天花板的；而机制却可以发挥出员工无限的潜能。

杰克·韦尔奇说“旧组织建立在控制之上，新组织必须添加自由成分”。特别是对于现在的年轻人，他们需要的不是“被管理”，而是“被激活”，给他们足够的信任，创造足够的空间，再给他们赋予足够的动力，他们就能创造出你意想不到的结果。

从雇佣关系，到合作关系

延续上面的话题，我们到底要建立起一个什么样的机制？

新生代员工越来越趋于独立，他们对于自由的向往超过了任何一代人。既然他们都想当主角，都想独立化，都想创业，都想当老板，那就换个思路，把自己当做是投资人，来帮助他创业，把公司变成平台，来赋能他创业。让他们人人在公司这个平台上，都能实现自主创业的梦想。

以前是怕员工出去创业，现在是鼓励员工在公司这个平台上实现轻松创业的梦想。从怕他们当老板，转变成鼓励他们人人都要当老板。如果出去创业有风险，留在公司创业没有风险；出去创业成功率低，在公司创业成功率高；有能力的人还会离开吗？有想法的人愿意加入吗?

关于合伙制的话题，这几年实在是太多了。要举例子，也是数不胜数。

比如已经成立了 20 多年的携程，现在每年有近千名大学毕业生的加入，90 后新生代员工的占比依然接近 50%。携程的一些部门就把员工分成了一个个“OK 二人组”。“OK”取自 NBA 黄金组合奥尼尔和科比的首字母。和传统团队相比，这个二人组更像一个创业组合。其中 O 是小 CEO，K 是小 CTO，也就是首席技术官，他们可以自行决策。上级领导则充当教练和投资人的角色，其他领导作为外援，补充信息和思路。

除了组织结构，OK 组的任务执行过程也很有特点。携程有个投名状计划，OK 组成员可以与投资人，也就是上级领导，共同商讨任务周期和目标，比如新产品在一定时间内要盈利 100 万元。之后，OK 组成员就会投资一个数额，比如说 5 万元。值得注意的是，这笔钱会从 OK 组成员的基础收入中扣除。

如果最终业绩不到 100 万元，没达标，那投资就算亏掉了。要是业绩在规定的时间内达到 100 万元，则可以拿回投资的 5 万，不亏不赚。业绩每超过预期的 10%，投资回报就会多一倍。也就是说如果盈利 110 万，员工就可以拿回 10 万元，赚 5 万。如果做到预期的 2 倍，那最后可以拿回 10 倍的投资额，50 万元。投名状计划的效果非常好，催生了很多具有突破性的创新产品，推动了业务的高速增长。

从关系来看，OK 小组其实相当于创业合伙人，他们与上级的关系可以看作公司与投资人之间的关系。激励新生代员工最好、最简单的方法，就是把他们当成投资对象、合作伙伴来看待，这是一个全新的趋势。

再比如海尔、华为、阿里、永辉的合伙人机制，比如前些年很火的韩都衣舍，再比如宗毅的裂变式创业，这样的案例现在实在是太多太多了。毫不夸张地说，这些企业之所以能获得成功，绝对离不开他们积极创新出的了不起的机制。

对于稍微有点能力、有点想法的年轻人，他们都希望能有一份属于自己的事业。如果我们不能满足他，他就会自己去寻找和创造。

所有优秀的公司，都必须获得优秀的人才。而优秀的人才，只能靠优秀的机制去连接。这就是我在我的核心课程《模式再造》中反复讲到的，我们需要一个可以让优秀的员工和我们“成为一伙，走向合作”的机制。

未来企业只有两种员工，一种是每个月到点就伸手和你要钱的，这种员工不好管；还有一种不是伸手和你要钱的，他们甚至愿意把自己兜里的钱掏出来交给你，这种员工不用管。这就是雇佣制和合伙制的区别。

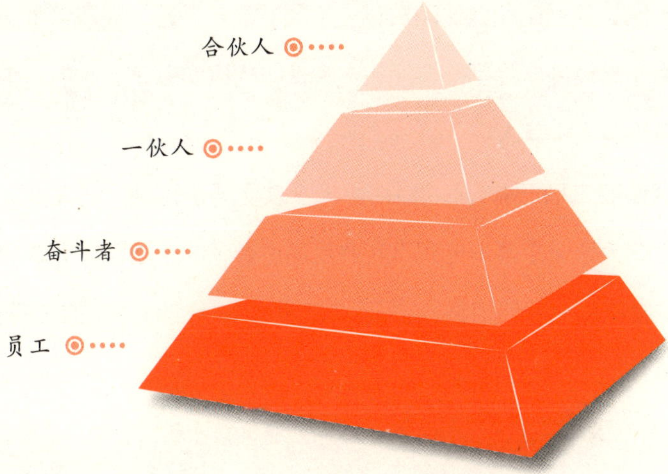

图 11　人才培养机制与员工晋升机制

所以，未来只有平台，没有公司；只有平台主，没有老板；只有创客，没有员工。以前是我们花钱，请员工来给我们打工，不管公司赚不赚钱，每个月我们都要给员工发工资；未来是我们创造平台，吸引有想法的人来到这个平台上创业。每个人都是给自己干，所以必须投入，必须全力以赴，根本不需要你来管，因为是在给自己赚钱。如果赚到钱了，就要给你分一点，是员工给老板发工资。

对，未来的企业，不再是老板给员工发工资，而是员工给老板发工资。如果你的洞察足够深刻，你会发现这并不新鲜。因为阿里、滴滴打车、美团等等，都是这样获得成功的。

到这里，你必须对雇佣制和合伙制的使用有更为深刻的理解。未来的企业不该走向任何一个极端，这是一个融合的时代，优秀的企业一定是雇佣制和合伙制共存。不要听很多书籍、很多老师极端的观点，雇佣制永远都不会消失，合伙时代确实到来了，但是这个时代并不属于所有人。

我说的“从雇佣时代，到合伙时代”以及“只有创客，没有员工”，只是想给大家一个清晰的观点，并且通过夸张的手法引起大家的重视，这绝不代表我们和员工之间只有、也只剩下一种单一的关系。

有一个规律永远不会改变：企业中只有10%的是人才，90%是人员。对于前者，要主动求变，因为只有合伙制才能吸引他、引爆他；对于后者，守住不变，仍然是雇佣制，因为这些人可替代性强。

从知本时代，到心本时代

从资本时代，到人本时代；从人本时代，到知本时代；从知本时代，到心本时代。我在课堂上曾经用这三句话，来概括过去200—300年商业的发展。

2021年东京奥运会，我观察到一个现象，运动员夺得冠军后的表现，有的人比心卖萌，有的为了宣泄情绪甚至对着镜头破口大骂……在我的记忆里，以前的运动员就是再激动，对着镜头也会保持克制，接受采访也是中规中矩，有些话一定是少不了的。现在情况正在发生改变，因为人变了。连体制内的运动员们，都不再刻板教条，敢于展示自己，更加的随心而动。更何况，在社会这个大熔炉里锻造出来的这批新生代员工。

人都变了，我们不能刻舟求剑。

我们天天想让员工出力，到底是要他出什么力呢？是体力、脑力、还是心力？现代管理学百年的进程，事实上很好地给我们解决了体力和脑力的问题，100 年前的泰勒告诉我们如何让体力工作者效率最大化，50 年前的德鲁克告诉我们如何让脑力工作者的效率最大化。但是我们正在进入一个全新的时代，机器的自动化程度越来越高，体力工作者的作用越来越小，人工智能的崛起，连一部分脑力工作者的地位就受到了威胁。在未来，什么样的工作是最有价值的、最被需要、最不可替代的？只有一个答案：心力工作者。

只有用心，才会无可替代。

对于心力工作者的概念，可以有两个理解：第一，每一份需要从心出发的工作。比如服务，机器人就是再智能化，也是冷冰冰的；比如各种设计类的工作，这需要的是创意；比如研发，这需要的是创造。第二，每一个用心工作的人，不管在任何岗位，你只要用心去做，做到极致，都会创造出独特的价值，并且无可替代。

第一种，并不是每个人都可以做到的；第二种，却是每个人都可以实现的。

我们尝试过用人工智能呼叫来代替电销，事实证明根本行不通。

一个用心工作的销售，用心打 50 通电话的效果，可能比机器人打 1000 通电话的效果还要好。电话销售这个岗位技术含量很高吗？看你怎么理解，但就是不可替代。

我想强调的是，心力工作者才是未来的主宰，我们将从“知本时代”进入“心力时代”。任何人、任何岗位，不用心、不走心是绝无可能创造出非凡成绩的。中国未来的劳动力市场，最缺的不是有知识、有能力的人，而是能够用心工作的人。唯有用心，方能赢得一切。

所以，上个时代我们强调的是“人力资源管理”，下个时代我们强调的是“心力资源管理”。特别是针对新生代员工，他们比起上个时代的员工最大的变化，就是内在需求的跃迁，从以前单一的追求，到现在多元化的追求，他们不再只关心钱，而开始关心自己的内在的感受，比如开不开心，氛围好不好，老板和同事人怎么样，有没有足够的空间，能不能学到东西……这些都是内心的需要，都是心的需要，也是我们接下来的管理和组织建设要面临的新挑战。

他们的力量统统藏在“心”里，你无法挖掘出他内心的宝藏，就无法打造卓越的团队，创建杰出的组织，创造出商业的奇迹。

我们过去很多传统的激励方式，针对新生代员工已经失效了。我举个例子，很多公司有搞团建的习惯，但形式都是千篇一律，聚个餐，做个拓展，唱个歌，这些方式对于新生代来说效果已经甚微了。

酒桌上的觥筹交错一两次还可以，太频繁反而会让他们反感。打鸡血一样的团建体验一下就足够了，次数太多很多年轻人甚至会觉得幼稚。KTV 都走向没落了，你还希望用你过去的那一套和年轻人打成一片？

有没有其他的形式呢？密室逃脱？游戏比赛？3V3 篮球赛？……你有尝试过吗？你可能不敢相信，对于新生代员工，有时候老板的肯定，比给他多发 1000 元奖金，还要让他感觉到开心。

以往对员工的激励，方式有很多种，但是形式很单一，翻来覆去还是物质奖励，归根结底，钱给到位，就会有效果。但是从马斯洛需求理论的角度来看，新生代员工大多数工作的起点已经不再是生理需求，大多数年轻人都是独生子女，生活条件都不差，至少不会因为生存而担忧。即便有个别生活条件不是特别好的，在这个社会环境的影响下，追求也开始变得越来越多元。

这代人对钱的理解，和我们也有很大的差异。钱是很重要，但至少不是唯一。我曾经到一个学员的餐厅去吃饭，她和我分享了一件事情，苹果的新手机上市，要接近 1 万元，她还在犹豫要不要买。但是周一到店里的时候，发现有个服务员换了，她说，“这可是她接近 2 个月的工资啊，没想到比我还爽快。”这就是现在的年轻人，有没有钱不重要，先爽起来再说。

我在课程上把激励分成两种，一种是满足员工的生理需要，叫

“物质激励”；一种是为了满足员工的心理和精神需要，叫“非物质激励”。上个时代，物质激励占绝对主导；而在接下来这个时代，非物质激励会比物质激励更重要。

这和赫茨伯格提出的“双因素理论”有点像，他认为公司所有的奖励手段都可以被分为保健因素和激励因素。保健因素就是指最基本的激励包括薪酬、保险等，就是我所说的物质激励，但是它们只能起到安抚的作用，如果要点燃员工的工作激情，就需要提供激励因素，比如晋升机会、价值实现等，这就是我所说的“非物质激励”。

如何满足员工内心的需要、开发员工内心的这座宝藏呢？

其实我们已经有了很多先行者。海底捞的服务为什么能够做这么好？因为张勇认为感动客户的服务不是教出来的，而是传递出来的，我们只有让员工感动，员工才能把感动传递给客户。所以，海底捞从员工一入职开始，就给员工提供五星级的服务，住有空调、有洗衣机的宿舍，请专门的阿姨给员工做饭，因为很多员工来自农村，所以他们还培训员工怎么坐地铁等公共交通……员工的幸福感高了，每个动作都会变得有温度。这就是为什么“海底捞你学不会”。

我曾经多次邀请苏州固锝电子的董事长吴念博先生来到我的课程现场为学员分享，我也分两次带领超过 400 名企业家去固锝电子学习。吴董用传统文化来治企收心，把“家文化”落地到极致，每个细节都让我们震撼。我们都知道制造业员工流动量大、招工难，但是固锝电子却有个幸福的烦恼，员工太多了，因为每个员工都把自己的亲朋好友往这里推荐。几千人的食堂吃饭时间居然安安静静，吃完不需要人收拾，因为所有人都会把自己的座位收拾得干干净净。我常说厕所是个重要的细节，固锝的每个厕所都干净的“令人发指”。疫情发生的第一时间，吴董向所有人宣布“永不裁员”，并在公司立下“永不裁员碑”，给了伙伴莫大的信心……

厚德在“心力资源管理”的道路上也开始了实践，我原本是想直接成立“心力资源管理部”，但是由于没有可以被借鉴的成熟经验，故分成两步走。2020 年，在疫情中我们成立了“员工幸福委员会”，由我担任首届主席，总部高管每年轮值，分公司总经理列席委员会委员，这个组织的目的就是：让员工快乐的工作，提升员工的幸福感。现在，我们每年投入 200 万—300 万来做人文关怀，从 9 大领域，分成接近 30 个项目，来提高员工的幸福感。

这里我要打个岔，有人可能会觉得我所提到的公司都是大公司，这种做法成本太高，根本不适合小公司，你必须纠正一下这个思维。

首先，对员工的关怀也好，给员工的福利也好，有时候并不需要花很多钱，一个小的细节的改善，就可以让员工心满意足。比如，我们以前的年假制度不清晰，现在变的清晰了，员工就很开心；以前的年假没有休完就算了，现在如果没有休完，每天我们会给予补贴。这需要花很多钱吗？比如，以前我们的高管和员工是不沟通的，也不会关心员工，现在我们要求每个分公司的总经理每年进行员工家访，比例不低于分公司人数的10%；并要求对于入职的新员工，首月总经理必须有一次一对一访谈。这需要花很多钱吗？比如，以前我们每年中秋节给员工发月饼，但是发现年轻人其实都不喜吃月饼，反而形成了浪费；现在，我们要求中秋节节礼由公司准备礼物，员工准备卡片，统一寄到员工家里，送给父母。这需要花很多钱吗？厚德也是一个小公司，我们每年的投入也是根据自己的实际能力来的。花多少钱根据自己的实际情况来定，但是最重要的是用心。

再者，即便你的确产生了不低的成本，也要相信这个成本在未来会转化成收益。这就好比我经常说的，不能把服务客户产生的支出看成是纯粹的投入，而要看成是营销投入。因为只有把客户服务好了，才能产生更多的复购和转介绍。就是有了这样的思维支撑，厚德的服务才会做得很有特色。员工也是一样，这样的投入即便产生了很大的成本，它所带来的员工感动、客户共鸣、社会评价所带来的正面效应会远远覆盖成本。

分享一个厚德人文关怀的小细节。以前，厚德女员工只要怀孕生孩子，我们就会认为是“非战斗性减员”，这件事本来就耽误时间，对于销售岗位的女孩子来说，生完孩子再难保证自己在工作上的投入。正因为我们有这样的思维，所有公司有个现象，只要女孩子结婚生完孩子，基本在这个公司就到头了。后来我开始反思：一个员工为厚德奉献了自己的青春，我们这样想对吗？一个女生当了妈妈应该会更成熟了，这样的员工我们留不住，难道不是公司的损失吗？一个女人人生中最重要的事情之一就是生孩子，这件事难道我们不应该理解和支持吗？

所以，我们现在建立起了一个完整的、针对女员工生育的关怀制度。一旦怀孕，每个月可以有一天完全自己做主的假期，用于安排产检；生完孩子后，我们给予的产假时间最长可以到一年，因为我们觉得如果孩子的事情没有处理好，就是回来工作心也定不下来；如果还在哺乳期就回到工作岗位，每天可以提前 1 小时下班；我们的工作经常需要出差，所以在哺乳期可以不出差，如果不得不出差，公司可以单独开间房，安排家人和小孩，并负责所有食宿；小孩子到了 3 岁，上幼儿园的第一天，妈妈享受 1 天的升学假；孩子上小学的第一天，妈妈可以再享受 1 天的升学假；孩子到了中考和高考的关键时刻，妈妈可以享受 3 天的陪伴假……

我想说的是，我们这样做以后，不仅是抱怨变少了，厚德的“妈妈军团”的人数越来越多，力量越来越强。很多女孩子，在生完孩子后不仅回到了原有岗位上，而且发挥出了更大的价值。

未来的企业，一定是充满爱的；未来的管理，一定是有温度的。一切把人当机器的管理思维和手段将日渐式微，我们需要打造一个尊重和信任员工、充满快乐、相对简单、并且能够帮助他们成长的新组织。

梁文道先生在《圆桌派》中的一段话让我印象极深，他说："劳动力这个东西不是无限供应的，人不是机器，劳动力是需要再生产的，靠的是我们有充足的睡眠，要吃东西，要休息，要维持和家人的健康关系，要有业余爱好，职场人才能源源不断地生产出充沛的劳动力。"

稻盛和夫先生认为，企业存在的目的并不仅限于德鲁克所提到的"满足外部社会的需求"；更重要的是"为人心服务"，为的是凝聚人心、塑造人心、磨练人心，来帮助人超越本能和欲望的束缚，发扬出人性中光明、强大、美好的一面。所以，将一个人唤醒是对这个世界最大的功德，当我们醒来是对这个世界最大的贡献。

最后，讲一个真实的故事结束这个章节。有一次我到一个地方去讲课，一个学员接我去他的工厂，路上一直和我说一个问题，现在招工越来越难，这个问题让他很焦虑。我去看了才知道，公司规模其实不大，就 100 多个人，但是都是 50 岁以上的阿姨。工作环境乱糟糟，工作氛围死气沉沉，每个人都在面无表情的工作。我看完之后和他说：如果还是这样的环境和氛围，5 年 10 年后当这帮人老去，就不是招不到人的问题，而是没有人再愿意在这样的环境中工作了。

重新出发，就是从心出发。我们是时候要做出改变了。

从层级制组织，到平台型组织

以西方理论为基础的现代管理学留给我们最大的财富，就是层级制组织了。一个企业自上而下，层层发号施令，信息层层传递，顶端决策，基层执行。我们的管理学界近 20 年的时间，都在解决“扁平化”的问题，但是即便再扁平化的组织，也摆脱不了层级制的本质。

层级制的组织到底有没有用呢？答案是肯定的，存在即有价值，一定有其用途。但凡事必有两面性，有利就有弊。它的弊端也在时代发展的过程中，逐渐显现了出来。

在上个时代，我们的诉求是要批量化、规模化的生产产品，而且是同质化的产品，所以追求的是执行和效率。这个时代，我们的

图 12　层级制组织

诉求是要提供个性化的产品和服务，除了效率之外，我们更要追求的是创新、灵活和无与伦比的工作热情。从追求不变到追求变化，层级制的组织在应对变化上，劣势就显现了出来。

层级制的组织带来的组织臃肿，成本攀升，官僚主义盛行，以及各种“老员工病”，相信在一次创业的过程中已经让我们苦不堪言。层级制的组织带来的集权主义，在如今这个多变的环境中，让企业的反应变得迟钝。层级制的组织带来的内部沟通不畅和信息的不透明，极大地阻碍了企业的创新和灵活性。关于层级制组织和官僚主义带来的弊端，在加里·哈默和米凯尔·贾尼尼合著的《组织的未来》一书中做了非常深刻的阐述，感兴趣的可以去看看。

什么叫平台型组织？我们先来说说“平台型企业”，其实我在《模式再造》课程中和大家已经做过详细的阐述。不要觉得只有淘宝、京东、美团这样的企业是平台，其实所有的企业都是平台型企业，只是我们没有洞察到它的本质，深挖它的潜力。所有的企业都是一个完成交易的平台，一边是以员工为主的价值创造者，一边是以顾客为主的价值购买者，企业提供交易的一切必要支撑，包括生产资料，让价值创造者和价值购买者在企业这个平台上更多、更好地完成交易。所以，所有的企业本质上都是一个H（human）2H（human）的平台。

在《模式再造》课程中我们要让大家深挖企业这个平台的潜力，

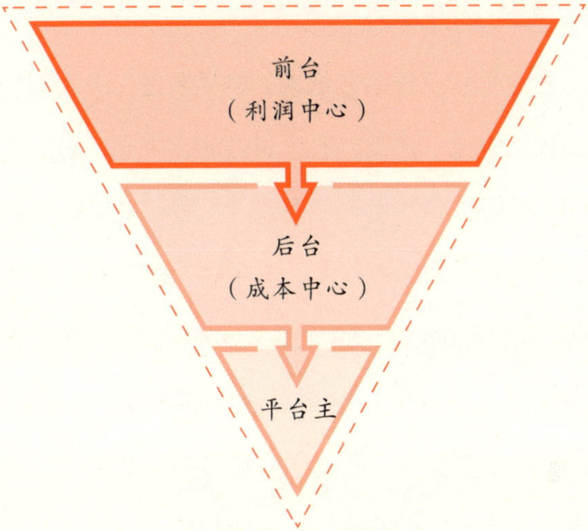

图 13　平台型组织

更好地实现这个平台的价值。所以企业平台化 = 内部员工共创 + 外部用户共享。实现的路径就是管理模式再造和盈利模式再造。

不管是对内成为员工共创的平台，还是对外成为行业共享的平台，核心就是赋能。你需要解决的核心问题是：能不能更好的赋能员工，让员工在这个平台上可以轻松、简单、低成本的创业；能不能更好的赋能行业内上下游的企业，让大家可以轻松、简单、低成本的买货和卖货。上个时代追求的是自己的成功，下个时代追求的是让更多人获得成功。平台的背后就是利他，唯有利他，才能把平台做成。

接下来就是“平台型组织”，层级制组织不管怎么变都是一个金字塔的结构，而平台型组织，却是一个倒三角。

成本中心 & 利润中心

创始人在这个倒三角的最低端，叫平台主；中间部分是企业的后台部门（包括中台），我们把它叫做成本中心；最上面就是企业的销售部门（也可以包括生产和研发），我们把它叫作利润中心。人力资源、财务、行政等统统纳入成本中心的范畴，集中起来成为强大的后台，来赋能前台利润中心中一个个利润单元的“创业”（前文所提到的“让人人在公司这个平台上都可以实现轻松创业的梦想”）。成本中心要集中，利润中心要分散；成本中心要做小，利润中心要做大。这就是我所说的平台型组织。

说到这里，有人会想到阿米巴，在这几年的培训行业火了一把，现在正在逐渐归于平静。一是本身争议极大，二是落地的成果有限。我并非对稻盛和夫先生不敬，相反在我成长的过程中稻盛和夫先生的理念对我影响极大。落地的效果不好，不是理论本身造成的，而是理论和中国企业实际情况之间的差异。中国企业做阿米巴，有两个巨大的鸿沟难以实现。第一，就是巨大的文化差异，带来员工职业化程度的不同，和对这件事本身的理解上的差异，很多企业没有文化基础，没有员工认同，“硬来”的效果往往不会好；第二，就是财务基础薄弱，不要说大多数员工不具备，大量的中小企业财务基础很差，而且极不规范，这就导致在落地的过程中，很多细节问题解决不了，关键的节点遇到阻力。

我说的这种模型和阿米巴相似，但是经过改良后更加适应中国土壤、符合中国企业实际的。事实上任何理论都不能迷信，再好的东西也要活学活用。

大兵团作战 VS 小团队作战

工作还没有结束，接下来还要把利润中心切割成若干的利润单元。每个利润单元和 CEO 之间，最多有 1—2 个层级；每个单元都要具备简单、灵活、可复制的特点。为什么要这样呢？因为只有这样的结构，信息传递的效率才会高、沟通才会畅通无阻、决策才能随时随地；因为只有这样的组织，才能足够行动迅速，灵活应变，适应新环境的需要。

在中国，目前最值得我们学习的就是海尔的“人单合一”。一个超过 8 万人的大型企业，在张瑞敏先生的带领下，被分成 4000 多个小微，每个小微由 10—15 人构成。在引领目标的指导下，大家分工协作，锐意进取，大胆尝试。做得好不仅可以继续，还可以赢得更多投资，获得平台的更多资源；做得不好的小微，要么更换领导人，要么解散。所有小微都是一家独立的“公司”，完全市场化的竞争。目前，海尔已经有一众小微脱颖而出，并且孵化出像心厨、社区洗、雷神科技等令人瞩目的项目。

张瑞敏先生引领的这一场变革势必将成为未来组织发展的趋

势，创造一个活力无限、面向未来的新海尔。

如果你是一家餐厅，以前有 40 个员工，接下来你可以做出如下的变革。采购、收银、后场变为成本中心，用于赋能前台。而剩下的 30 人，迎宾、营销经理、传菜员、服务员统统变成利润中心。然后，你还要把利润中心切割成若干的利润单元，比如 3—4 人一个小组，把店内分成 8 个区域，每个小组负责一个区域，相当于一个独立的“门店”。一家店，就这样拆分成了 8 家“店”。

每个“门店”都是独立核算（不要追求精算），有一个独立的“店长”和几名“合伙人”，每个人收入都和自己所负责的“门店”的利润有关。以前，迎宾不会管服务员的事，传菜的也懒得去管迎宾的事，甚至同在一个店里，大家彼此的工作都没有什么交集。但是接下来，我们将淡化岗位职责，大家是一个团队，有分工更应该有协作，才能共同创造出大家想要的结果。所以，11 点的时候服务员、传菜员全部都变成为了迎宾，而迎宾过了中午 12 点就立即马上变成了传菜员，到了下午 1 点所有人又都一起变成了服务员，只有这样充分调动起大家的主观能动性，才能把成本降低，把效率提升。

2020 年我在厚德启动了一轮组织变革，主题就是“从大兵团作战，到小团队中心”。我把厚德切割成以总部为主体的成本中心，和以分公司为主体的利润中心。再把所有分公司、200 多名学习顾问切割成 30 多个小团队，每个团队一名负责人，加上 4—8 名合作伙伴。学习华为把权力交给能够“听得见炮火声”的人，小团队的负责人可以有正常事务的决策权、部门内 100% 的人事任免权、一定的财务自主权。小团队人数连续三个月低于 5 人解散，所以招聘这件事情在厚德我们是从来没有操过心的；小团队业绩首年低于 150 万负责人取消分红，连续两年低于 150 万，团队解散，成员可自由加入其他团队。

我们这样做已经接近两年了，我所见到的好处就是：分公司之间的差距正在缩小；更多的人获得了权力，他们开始把自己当做真正的主人；大多数人积极性开始提高，创新和尝试越来越多。

接下来的三年我们的主要目标，就是保证小团队的平均业绩 200 万 / 年，然后复制出 100 个这样的小团队，实现团队自主课程销售额 2 亿 / 年的目标。

看到这里，我相信你已经有了一些想法。我们以前是大兵团作战，追求的是团队规模越大越好，人越多收入就越高，只会打阵地战；接下来，我们要换一种新的打法，就是习惯以小团队为中心，聚到一起阵地战能打赢，分散开来游击战能打好。以前我们追求的是把一个公司做“大”，现在是要学会把利润单元做“多”。因为越大越不好复制，越小反而越好复制。

这就是未来组织的模样。

第10章

理　念

利他才是未来商业的核心

幸福才是企业的天道人心

伟大的哲学家黑格尔说过：人类所有的进步都是理念先行。企业莫不如是，所有企业的发展进步，都是理念先行。以创始人为核心的创始团队的理念，从根本上决定了这个企业的发展方向和最终命运。正如我在课程上经常讲到的："起心动念决定人生结果。"这个看似虚无缥缈的问题，却是创业那个最重要的原点。

利他才是未来商业的核心

我问过很多创业者："当初为什么要创业？"得到的答案形形色色，但归根结底其实只有一种——赚钱。我不能说这个动机是错的，它也符合马斯洛的需要层次理论。但是我如果再追问一个问题："现在为什么要坚持？"如果答案仍然是"赚钱"的话，那就有问题了。

我可以接受一个人刚开始做一件事情是为了钱，但是我不能接受的是，这件事情做了 10 年、20 年甚至是一辈子，仍然是为了钱。

不但你的人生没有改变，事业也不会发生本质的改变，因为你的“发心”没变，最内核的那个东西没变。

为什么要讨论“发心”的问题？我知道一定会有人认为这虚无缥缈，但事实上这无比重要。因为我们的发心就是做这件事情的动机，而动机决定了动力，动力决定了这件事情最终能干多久、能干多大。起心动念那一刻，其实已经立判高下。

普通人觉得我们是在拼过程，其实不是，高手与高手的对决就在那一念之间。这世间速度最快的东西，不是光，也不是电，而是人的念。一念起，沧海桑田；一念起，万水千山。我们要选择做什么样的事、选择如何做事都是由我们的“念”所控制，都说选择大于努力，是什么决定了你的选择，就是你的“念”。

老子说，道生一，一生二，二生三，三生万物。这个“道”就是你的“念”，只有让自己这一“念”合上了“道”，才能符合规律，成就大业。简单来说，你这一念，是否至纯至善，

你这一念，是利己还是利他，决定了人生成败。这就是我经常说的“起心动念决定人生结果”。

讨论发心，其实就是在讨论为什么而创业的问题。我们不妨看看那些已经获得成功的人，他们是为什么而创业的。释迦牟尼为什么创业？为了普度众生。孙中山为什么创业？为了天下为公。毛泽东为什么创业？为了解放全人类……我发现古往今来所有成功的领

袖背后都有同一个特点，他们的发心是都是为他而非为己，都是为公而非为私。

如果你觉得这还不能说明问题，我们再看一些成功的企业家。马云当年为什么创办阿里巴巴？为了“让天下没有难做的生意”。在那一刻，就被注入了伟大企业的基因。所以，阿里的成功绝非偶然，如果在未来失败，也一定是因为违背了这个原则。有人说，怎么可能刚开始就那么高尚？你说的很对，有可能当时没有那么纯粹，但是能写出这样的话、喊出这样的口号，他的境界和创业的起点就已经比正常人高很多了，这就是马云能够杀出重围的重要原因。

马斯克说：“除了在公司拥有股票，我基本上就没有其他具备货币价值的资产了。”

山姆·沃尔顿说：“从头到尾，我注重的是尽我们的心力，建立最完美的零售公司，创造巨大的个人财富从来都不是我的特定目标。”

曹德旺说：“企业应该有三大责任，国家因你而强大，社会因你而进步，人民因你而富足！”

普通人的悲哀不是在于普通，而是在于不知道自己为什么普通。羡慕别人的伟大，却如同雾里看花，找不到究竟。现在，我们终于知道自己“输”在哪里了。就是这个“发心”，一开始我们就输了，一开始我们心里这个“局”就太小了，限制了我们的能量。

我再重复一遍，我们可以接受一开始创业是为了钱，毕竟，大多数人都是俗人，寻求更好的生活本没有错。但是我们不能接受的是，在一件事里投入那么多的精力，除了钱之外，仍然一无所获。物质得到基本满足后，精神要对称的提升，要不就成了精神上的矮子，你的事业也很容易走到尽头。

伟人有两种，一种是生来就伟大，一种是通过后天的修行让自己从平凡走向伟大。我们大多数都是后者。

在这里，我们讨论的是“二次创业”，所有人都不应该是创业道路上的小白，而且都或多或少实现了一定程度的财富自由，所以在这阶段，讨论发心的问题是必要的。二次创业，需要一个至纯至善的、利他为公的发心来支撑。

建立了正确的发心还不够，接下来，我们要这个发心落地到企业创办的过程中去，变成公司的文化，生成企业的使命，做到知行合一。嘴上一套做起来又是另外一套的创业者，我实在是见得太多了。

什么是使命？就是我为什么要做这件事？你必须建立起一个比赚钱更为崇高的、持久的动机。我并不是说不要赚钱，而是要建立起比赚钱更为伟大的目标。一旦建立伟大的目标，并获得崇高的使命感，在低维度赚点钱反而很容易。

但是如果没有了这个伟大的使命去支撑，赚钱反而会很累，更重要的是你会在物欲横流的世界里迷失。我在讲台上至今已经站了十年，如果我今天的动机仍然是为了赚钱，那我一定不会也不需要像十年前一样的努力。但是我之所以可以保持更好的状态，一定是因为找到了这件事背后的意义，感受到了一个师者的快乐，这才会乐此不疲。

只有建立起伟大的使命，才能获得持续不断的动力，帮助我们走向事业的彼岸。为什么容易半途而废？为什么总是觉得心累？本质上就是缺少一个伟大的动机。

柯林斯在《基业长青》里告诉我们，所有伟大的企业都建立起了“超越利润的追求”，但是都成为各自领域最赚钱的公司。你可以这样的理解，赚钱只是我们践行使命的“经费”。

为什么组织需要使命？因为建使命，就是树大旗。要做一件事就要先聚拢人，而要聚拢人就要先学会树一面大旗。如阿里巴巴的大旗是“让天下没有难做的生意”，如厚德的大旗是“实现企业业绩倍增，助力中国经济腾飞”，如梁山好汉的大旗是“替天行道”。没有这面大旗，光靠钱就吸引人，深度和广度是远远不够的。我们一直在强调“志同道合”的重要性，没有这面大旗，就没有所谓的志同道合。

在我的课堂上，我说过使命的核心，就是“成就人”。成就人的核心，就是利他；利他的核心，就是为他人创造价值。事实上这也是所有企业存在的本质，一旦脱离了这个本质，企业一旦不能给客户创造价值、为员工创造价值，就会迅速枯竭，成为无源之水。你要思考的是：通过我们做的这件事，让员工幸福，让员工的家人幸福，让客户幸福，让合作伙伴幸福，让百姓幸福；通过我们做的这个事业，让社会更和谐、让民族更强大、让国家更富强……做到真正的造福一方。使命的表达形式千千万，但是要记住这个不变的核心。

小成功靠自己，大成功靠团队。任何事业的成功都离不开团队的支撑，要把众人的志向合在一个方向、一个点上，才能一心所向，无所不能。团队为什么愿意与你“合志”？你必须有成就众人的起心动念。

老板要明白，干事业既是一群人帮你完成了一件事，更是你通过这件事成就了一群人。当你利益众人时，所有资源都会流向你，成功不应该是苦苦追逐，而是水到渠成。成功的追求比追求成功更有意义。

建立一个正确的发心，树立一面伟大的旗帜，才有可能攀上事业的最高峰。二次创业的姿态应该是：刀剑依旧，不再为自己出征。

幸福才是企业的天道人心

这句话其实我早就说过，但是我到了苏州固锝电子，听吴念博董事长分享了“企业的使命，就是让员工幸福和让客户感动”之后，感受才变得更加深刻。

什么是幸福？这个问题要分两个维度来看。首先，普通人的角度，幸福很简单，就是“心理预期被满足时的状态”。所以通往幸福其实有个捷径，不是增加自己已有的，那永无止境，而是减少自己想要的。所以，幸福感往往和野心成反比，一个野心大的人，往往很难体验到幸福。

除了普通人，我们还可以从一个领袖的维度来看待幸福。对于普通人来说，是自己幸福就是幸福；对于领袖来说，不光是自己幸福就是幸福，而是能够看到身边的人都越来越幸福，心中升起满足感和自豪感，这种感觉才是领袖追求的幸福。或者说，领袖有着超越自我的心理预期。

你的幸福和别人的幸福是相关的，只有让别人幸福，自己才能更幸福。中国人常说“大家好才是真的好”，这句话其实蕴藏着大智慧。一个人“好”了，但是他身边的人没有变好，你的“好”是建立在别人的“不好”之上的，这是真的“好”吗？这种“好”能持续吗？这些人会希望你“好”吗？但是如果一个人“好”了，他身边的人也都因为他而变得更“好”了，这些人都会发自肺腑的希望你好，因为你“好”他们才会“好”，这就叫“大家好才是真的好”。

所以人生在世，我们活得好不好，就是取决于在你背后，有多少人希望你活得好。从商业模式的角度来讲，如果所有的利益性相关方，都能受益，你的模式真的是利他的，这份生意就能持久。我们所做的事情，如果只有自己获益，所有的合作伙伴都不能获得公平的、超额的收益，这份生意就是再赚钱，也绝对不足以持久。

我曾经和一些企业家沟通，他们有意无意地炫耀自己已经积累了多少的财富。人生不是追求成功，而是要成功的追求。切莫把财富定义为成功，那充其量只能是衡量成功的一个维度。

一个人的成就，不是以金钱衡量，而是一生中，你善待过多少人，有多少人怀念你。生意人的账簿，记录收入与支出，两数相减，便是盈利。人生的账簿，记录爱与被爱，两数相加，就是成就。成功并非单指事业，它应该是多元化的，因为这一生我们会有很多追求，比如爱好，比如爱情，比如家庭，比如健康。我们这个社会最大的悲哀就是：所有人的骨子里守着一个功利心极强的单一价值观。

最高级的炫富，不是我有多少财富，而是我用我的财富，帮助了多少人。请你一定要相信，这不是大道理，这是事关成功的真相。

这透露了一个成功的企业家应该有正确的价值观：对财富的追

求要有止境，对事业的追求要无止境。只有如此，才能保持清醒和理智，拥有积极的心态和持续的激情，最终收获成功的喜悦。

一次我被邀请到一家学员的企业，半天的时间过去我最讶异的不是这个企业本身，而是这个企业家对于风水的痴迷。我用“痴迷”一点也不为过，从整个厂区、到办公室的陈设、到个人佩戴的饰品、到他的新名字、再到他的谈吐，处处都能看到所谓大师调整的痕迹。在交谈的过程中得知，仅办公室的那些陈设花销就超过百万，而现在每年请的风水顾问费用一年高达大几十万。很多老板相信风水，而是越是大老板越信，其实我也相信，但是任何东西都要有个“度”，千万不可迷信。

中午用完餐后，我在回去的路上给他发了一条微信——“企业最好的风水，就是员工的笑脸”。这句话现在不仅挂在了他公司的墙上，也挂在了厚德的墙上，成为我努力的方向。

我看一个企业好不好，不是看财报，也不是听别人说，我只相信自己眼睛看到的事实。我用一个独特的指标来判断企业的好坏——员工的生活水平。员工住不好、吃不好、连生活都成问题、工作的时候都拉着个脸、一点也不快乐，我绝不相信这会是一家成功的企业。

老板强大不强大，不是看他超越过多少人，更不是看他赚了多少钱，而是要看他成就过多少人。成就的人越多，老板的成就就越大。

企业最好的风水，就是员工的笑脸。

我们为什么要做企业？不就是为了创造幸福吗？从让自己幸福，到让家人幸福，到让家族幸福、到让家乡的人幸福、到让祖国同胞幸福……我们的心变大的过程，就是企业做大的过程。

很多人认为幸福是生活上的追求，与工作和事业无关，而真相是，幸福是企业的终极追求，老板的使命就是让更多人幸福。你能让谁幸福，就能在谁身上获得支持的力量；你能让多少人幸福，就能获得多少事业上支撑的力量。

幸福才是企业的天道人心。

第11章

学　习

告别过去的经验

升级自我的认知

学会正确的学习

如果你要问我，未来的创业者最需要具备的素质是什么？那一定是学习。我所见过的几乎所有成功的创业者，都是一部深度学习的机器。他们用学习这种方式，来保持不断的自我迭代，寻求和这个时代同频。

我在讲管理课程时说过一个标准的改变，过去我们选拔干部更多的是要看他能否胜任当下的工作，未来选拔干部，我们不仅要看他当下能否胜任，更要看他能否胜任未来的工作。而对于未来工作的胜任力，不是看这个人的“能力”，而是要看他的“潜力”。而构成“潜力”的最重要的一个维度，就是“学习力”。

跨越这个不连续的时代最好的方法，就是连续的学习。

告别过去的经验

面向未来的这一次创业，我们不仅得了解未来，还必须面对过去。所以我们要先探讨一下“经验”。在这风云际会的时代，我们到底要如何看待过去的“经验”？它到底是财富还是负担？

2022 年 3 月，我从事商学教育整整十个年头。这中间有几年的时间我奔波于我们有分公司的城市之间，不是在讲课，就是在讲课的路上，节奏非常快。最高峰的时候，一年讲课 200 多天，现在想想，真佩服那个时候的自己，幸亏是年轻。

但是那几年给我积累了很多的经验，让我遇见了形形色色的人，当然也加快了成长。我讲个很有趣的现象。我在一个城市，每次讲完课后，都会有学员围着我问问题，而他们开口问的第一个问题、出现频率最高的问题就是：亚东老师，我是做 ** 行业的，你对我这个行业了解吗？

遇到这样的问题，我都会很礼貌地回答：不了解。提问者一般都会有些不悦，他们想的是：我都还没有说清楚我是干什么的，你就说不了解。

我这样回答是因为太了解大家了，他们问我这个问题心中都有一个前提假设，这个假设就是：“先看看这个老师了解不了解我这个行业，如果了解并熟悉，我就交点学费学一学；如果都不了解不熟悉，那我学什么呢？”——他们想看看，我到底有没有经验。

而我清楚地知道，你这个前提假设就是错误的。作为一个老师，每天都在接触企业家和创业者，这么多年的积累，你听说过的甚至没听说过的行业，我多少都会了解一点。你这样的前提假设，就是寄希望于我用这个行业过去的经验来帮你解决问题；而我知道，这些过去的经验，很难帮你解决今天的问题。

如果经验可以解决问题，你一定比我更有经验，问题解决了吗？如果经验可以解决问题，这个行业有很多比你和我更有经验的人，可是问题解决了吗？问题到今天还没有解决，甚至问题还在扩大，就说明你们过去所有的经验，都不能解决今天的问题。

经验，是面向过去的，没有办法帮你解决未来的问题。

你一定要意识到，不是所有的经验都是财富，特别是在今天。因为变化太快了，三天一小变，五天一大变，你在过去那个环境中积累的经验，在这个新的环境里，到底有多少是财富？

在环境快速变化的今天，所有的企业都在产生一种巨大的成本，只是你们不会去核算，有些人甚至都感觉不到，这个成本就是——经验和知识快速折旧的成本。你过去花了很长时间积累的经验，在今天统统失效；你过去花很多钱学到的知识，在今天已然落伍。我们不得不面对这个现实。

环境改变而经验不变的时候，经验就不再是财富，而是你前进道路上的绊脚石。

我曾经带领我的团队研究全世界范围不同领域的独角兽公司，后来发现一个非常奇特的规律：几乎所有的独角兽公司的成长路径都极其相似，从零开始创业，组建了一个精悍的团队，然后迅速进入增长的快车道，平均3—5年就成为行业独角兽。大公司、集团公司、上市公司二次创业，孵化出独角兽的案例寥寥无几。

这并不符合我们的常规逻辑，这些大公司的起点一定比新公司高，他们具备更好的资源和更强的能力，按照道理，他们成功的概率应该比那些小公司要高才对啊。可事实并非如此。

这背后真正的秘密就在于：大公司有经验，而小公司没有经验。

这个结论看上去有点匪夷所思，可这就是正在我们身边上演的一个又一个的真实故事。你过去成功是因为你比别人有经验，你今天很难再成功也是因为你比别人有经验。

当我们想做一些创新的时候，过去的经验就会变成一道道枷锁。科学表明，人们每天重复考虑的，无不与回忆有关，人们总是通过参照过去来预测未来。而这，会扼杀我们的创新。这就是克里斯坦森在《创新者的窘境》一书中所提到的，老公司很难做出突破式的创新、颠覆式的创新，最多只能有延续性的创新。我一直认为这种延续性的创新本质上不是创新，只是一种“改善”。

当我们习惯了用一种方式去做事情、一种模式去做业务，经验在产生，习惯在形成，能力在进化；一项能力在进化，其他能力就在退化。

比如厚德，我们是一家非常传统的线下教育培训机构，这么多年推广的手段都很单一，就是“电话 + 拜访 + 会议”。十年如一日的重复这件事情，好消息是，这项能力我们已经发展到了极致；坏消息是，其他能力都在退化、弱化甚至消失。在经验已经固化、能力得到强化的情况下，我们能做的创新就是“改善型创新”，根本无法做出“突破式创新”。改善是有天花板的，你越接近那个天花板，改善的难度越大。要打破这个局面，只有一个方法，就是我招一帮新人，打造一个全新的组织。

如果你没有办法打破这些经验和能力的束缚，让自己回到创业之初的混沌状态，你就很难做出突破式的创新。这就是我为什么经常会说，老团队和老员工根本做不好新业务的原因。

我在课上和大家经常分享一句话，已经成我的经典语录了：我们这些年在现实实践中所遇到一切困惑，都是源自旧思维和新世界之间的冲突。过去的思维，解决不了今天的问题；犹如昨天的太阳，晒不干今天的衣服。

所以，面向未来的创业者，必须先和过去做个了断。

我和很多学员聊天时都遇到过类似的经历：

他说：为什么现在产品不好卖了？

我说：方法错了。

他说：不可能，这个行业我做了 20 年，一直都是这样做的！

你看，你知道原因出在哪里了吗？

这就是我经常说的：失败不是陷阱，成功才是。

从概率学上来说，每失败一次，我们离成功就会更近一步。因为每一次失败，都否定了一种成功的可能性。就和爱迪生发明灯泡一样，试验了 1000 种材料，否定了 1000 种可能性，最终找到了最合适的材料——钨丝。所以，失败是成功之母，是绝对有道理的。

但是成功就不一样了，它会让一个人形成严重的思维定式，形成极大的思维惯性，它才是我们通往下一个成功路上最大的障碍。如我前面举的这个例子，他用一种方法干了 20 年，曾经用这个方法获得过成功，所以对这个方法深信不疑。即便在今天用这个方法已经没有效果了，他仍然深信不疑。为什么？因为“我曾经用这个方法成功过！”

这个是看上去很完美，但是事实上荒谬至极的观念。所以，我经常告诫我的学生：不要认为自己已经成功了，人一旦认为自己已经成功，就很难再获得下一个成功。成功是成功的敌人。

如果你积累了很多经验，请先甩掉它们，因为它们正在变成一种累赘和负担，特别在这个日新月异的时代。可是这说起来容易，做起来却很难。难在哪里呢？难在你要忘掉的，不是失败的经验，而是成功的经验。

这几年发现一个普遍的规律，越是成功的企业，转型越难。有人说，那是船大了难掉头，规模越大，改变的成本越高，听上去有道理，其实并不尽然。一个成功的企业转型最大的阻力，就是自己过去成功的经验。成功的经验怎么能够放弃呢？放弃了成功的经验还怎么成功呢？

过去成功的经验，只能让你在过去的环境中成功。如果你还想在未来新的环境中继续获得成功，就必须把它忘掉。我们要敢于主动的粉碎自己过去的竞争优势，过去的竞争优势只能让你在过去获得领先；你只有把它粉碎掉，才能建立起新的竞争优势，从而让你在下个时代获得持续的领先。

一个人要想干大事，就要有一种气质，这种气质叫——敢和过去“断”。普通人是没有这样的勇气和魄力的，有些人有些事，他永远放不下，所以他干不成大事。只要你没有这个气质，你的人生永远都在负重前行，不要妄想能够重新开始。

升级自我的认知

我不是说所有的经验都一无是处，我是在告诉你在这个多变的时代，经验和知识折旧的成本太高了。要让自己处于不败，就必须养成持续学习的习惯。不断的升级和完善认知，以保持永远对这个世界都有正确的认知，对商业有深刻的洞察。

我前段时间看到字节跳动创始人张一鸣参加一个访谈节目的视频，他说：一个最核心的竞争力到底是什么？我一直在思考这个问题。我们所有的互联网公司起步其实都差不多，公司三四十个人，拿到的第一笔融资要么 3000 万，要么 5000 万，起步差距并不大。但是为什么跑几年差距就出来了？我认为一个企业所需要的所有生产要素都是可以构建的，资金、人才、技术这些都不是最核心的，最大的不同就是——创始人对于这个行业、这件事情的认知，你能不能看到别人看不到的东西，这决定了这家公司的未来。

概括的如此精辟，直击要害。企业要想出类拔萃，不同凡响，就必须拥有与众不同的认知。这份与众不同，首先来自企业从自身实际出发，在战略、商业模式、业务流程、管理机制、组织系统等各方面进行的独到思考；再者来源于创始人通过学习构建起的完整认知，和经年累月之下对于所处领域产生的深刻见解。

我在课程中曾说：商业的利润正在从信息红利迈向认知红利。你为什么赚钱难？因为信息红利正在消失，而认知红利又尚未形成。认知红利是建立在认知差之上的，那什么是认知差？其实这是一种区别于传统信息差的、更高级的“信息差”。

以前产品稀缺，所以做产品赚钱，他把产品卖给了你，赚的是信息差；现在产品泛滥，各种各样的产品太多了，所以他把产品包装成了事业机会卖给了你，又赚了你的钱，这就是认知差。比如微商。

以前做抖音赚钱，所以他去做抖音了，粉丝百万千万，赚得盆满钵满，别人看懂了，你没有看懂，这是认知差；后来所有人都跟着做抖音了，抖音的红利期过去以后，你发现赚钱越来越难了，但是有人开始教你如何做抖音，又赚了你的钱，这也叫认知差。

借用网上一段很火的话：“你所赚的每一分钱，都是你对这个世界认知的变现；你所亏的每一分钱，都是因为对这个世界认知有缺陷”。你永远赚不到超出自己认知范围之外的钱，除非你靠运气，但是靠运气赚到的钱，最后往往又会靠实力亏掉，这是一种必然。

这个社会最大的公平就在于：当一个人的财富大于自己认知的

时候，这个社会有100种方法收割你，直到让你的认知和财富相匹配为止。避免自己沦为韭菜的唯一方式，就是不断升级自己的认知。你的认知决定社会地位和人生价值。

认知资本，才是未来商业最大的资本。一个认知有缺陷的人，只能活在自己的世界里自娱自乐，这样的人往往自我感觉良好，但是与别人的差距越来越大。认知越高的人，看事情就越客观，他们遵从事物本质，按照规律做事，负责操控世界的运转。认知越低的人，看事情越主观，他们容易被表象迷惑，容易有偏见，喜欢盲从，最终只能被操控。就像《教父》里的那句话："用一秒钟看到本质的人，和半辈子也看不清一件事本质的人，注定是不一样的命运"。

有一种比较可悲的现象，就是在较低的维度形成了认知的闭环，那不如没有认知。

我见过不少传统企业家，他总是用一种奇怪的目光看待一些超越自己认知的事物，对于新鲜事物，永远都是怀疑和否定。后来我才意识到，一个人只要在低维度形成了认知闭环，其实是一件很悲的事情，你只要告诉他这个维度以外的东西，他都无法接受。他们所谓的学习，并不是汲取与他们的固有观点不同的新鲜知识，而是寻找与他们的旧有经验吻合的新鲜说法。所以，只有当他们觉得你的说法可以理解时，才有所谓的行动力。而真正的行动力，指的恰恰是不理解时的态度和行为。

这些人还有个特点，就是死不认错。哪怕心里明明意识到自己可能错了，嘴上却不愿承认。后来我才明白，这是很多传统企业家身上的通病，是骨子里的优越感在作祟。这有点像西方对待中国的态度：中国的经济发展数据是公开的，他们不相信；中国防疫的成果也是公开的，他们也不相信；中国对他国的帮助有目共睹，他们还是不相信。他们不愿意相信的是一个意识形态和自己有着巨大差异的国家，居然做得比自己好。他们不能相信中国是对的，因为那就意味着他们错了，这让他们无法接受。总想维护自己正确性的人大多数是脆弱的，能够从错误中变得越来越强大的人是反脆弱的。

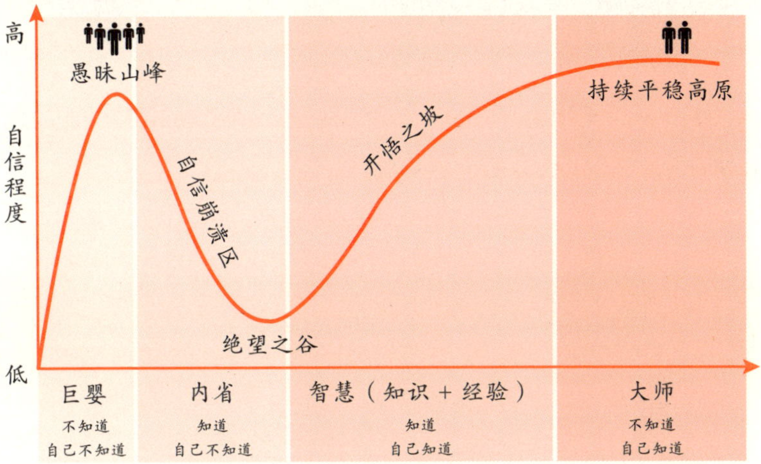

图 14　邓宁特鲁格效应

邓宁 · 克鲁格心理效应告诉我们人生有四种状态：不知道自己不知道，知道自己不知道，知道自己知道，不知道自己知道。这当中最可怕的状态就是“不知道自己不知道”，它会让你陷入一种“以为自己知道”心理状态，遗憾的是这样的人不在少数。在一些投资领域，有些人之所以会跌大跟头，就是以为自己获得了“内幕”，导致自己陷入“以为自己知道”的状态，结果丧失了正常的判断。处于这种状态的人，大脑会处于关闭状态，不愿意听别人的建议，不愿意接受更多的信息，整个人开始裹足不前。输了就是运气不好，全然不知真正的原因。赢了就觉得自己实力强大，他们不会知道这一场侥幸的胜利正在把他推向一个巨大的失败。正如马克·吐温嘲讽的，那些给我们带来大麻烦的问题，并非源于我们不知道的东西，而是源于我们误以为自己知道的东西。

知道的那部分，可以让我们更加从容地面对生活和工作，面对未知的未来。不知道的那部分，会让我们保持谦虚的态度，建立起强烈的求知欲，保持人生不断地进步。

学会正确的学习

正确的学习比学习本身更有意义，因为:

锻炼不一定对身体好，要正确的锻炼;

读书不一定会涨知识，要看读什么书;

学习不一定能有结果，要正确的学习。

有时候错误的学习，比不学习更可怕。学习的意义不在学习本身，而在结果。切勿把学习当做一种炫耀的手段，朋友圈发张图，让别人看看我努力的样子；更不要把看个书、读个报、听个课当做是学习，来对抗内心的焦虑。

那怎样才算是正确的学习呢？接下来给大家一些我个人的建议。

第一，“学对”比“学新”重要。学对的东西永远比学新的东西重要。我身边的人有种现象，就是对新知识趋之若鹜。这应该是件好事，保持对新鲜事物的好奇，有着强烈的探索欲望，这是一种积极向上的力量。但是，在我们时间精力有限，而且基本的学习需求没有完成的情况下，把学那些新知识的优先级放在第一位，就大错特错了。

在中国的培训市场上，总有一些风口类的课程，一会招商的课程火了，一会金融的课程火了，一会股权的课程火了，这几年又兴起了国学热和阿米巴热，如果这些课程你都没错过，只能说明你爱学习，不能说明你会学习。不要把学习变成赶时髦。

学习的第一件事，是先学自己需要的东西，学对自己有用的东西，这就是我说的“学对”。“学对”的东西不仅可以解决自己的问题，产生生产力，更大的意义在于，它可以培养起我们对学习的信心和兴趣。而“学错”东西的坏处，轻则分散你的精力，扰乱你的思维，重则把你的思维直接带偏，让你做出错误的决策。法不当机是毒药。

有些人让我推荐书籍，我很少会给别人发书单，最重要的原因，就是我不知道你需要什么，你喜欢什么。我推荐给你的，未必是你需要或者你喜欢的，当这本书不是你需要或者你喜欢的，你就无法享受到读书的乐趣，甚至根本就读不下去。让别人推荐书来读，典型的是为了读书而读书。

有人说，我要“坚持”学习。我有个观点，“坚持”是坚持不下去的，当你需要靠“坚持”去做一件事的时候，说明潜意识是抗拒的，做这件事是痛苦的，这件事能持续下去的概率不大。怎样才能把学习变成一种习惯呢？就是乐在其中，主观上是享受的。能够“乐在其中”的前提，就是学习的内容，要么是你喜欢的或者你需要的。人一旦在学习中尝到了“甜头”，就会一发不可收，习惯的建立是水到渠成。

第二，“学深”比“学多”重要。学深知识比学多知识更重要。经常有学员问我，是用美国人那套管理思维好，还是用日本人那套方法好？是股权激励有用，还是阿米巴有用？是用中国的传统文化来管理企业好，还是用西方现代管理学的理论管理企业好？

答案是，任何一种范式都有效，关键是你有没有学深、学透。最怕的是什么都懂一点皮毛，但是什么都没有学通。

阿里把 KPI 用到了极致，字节跳动把 OKR 用到了极致，都获得了成功。华为把合伙人制度用到了极致，京瓷把阿米巴用到了极致，也都获得了成功。在西方的现代管理学的影响下，一众企业获得了成功，但是我们中国这几年有些企业，用中国传统文化生成了独特的东方管理智慧，至少在这个阶段，也获得了巨大的成功，比如方太，比如固锝电子。

正确的学习方式是，找到一种和自己的实际情况最匹配的方法论，然后集中精力去突破。当然，这个过程需要花时间，学习绝不是一蹴而就的事情，在正确的方向上，花足够多的时间，把深度钻研到一公里，才可以享受到井喷的知识红利。

第三，“系统化”比“碎片化”重要。不知道从什么时候开始，“碎片化”概念开始风行。不得不承认的事实是，我们的确处在一个碎片化的时代，时间被碎片化了，知识也被碎片化了，但是我们要思考的是，到底是要利用“碎片化”，还是战胜“碎片化”？

先说碎片化的时间。我们每个人的时间都被碎片化了，于是我们开始想充分利用这些碎片化的时间。利用这点碎片化的时间去听一段喜马拉雅，刷两段抖音，看一会头条，刷刷朋友圈……你看起来利用了很多碎片化的时间，但事实上却是浪费了很多时间。为什么呢？大部分人的自制力是没那么强的，你以为你是在利用碎片化的时间，但你的碎片化时间往往会扩大，这分明是碎片化的时候在利用你。我经常看到有些年轻人捧着手机打游戏，我说这个习惯不好，他们居然振振有词，说这是充分利用碎片化的时间，放松一下而已。

碎片化的时间能不能用好，和时间长短没有关系，核心是你是不是一个充分自律的人。而一个越是自律的人，时间往往安排得很好。以我自己为例，我的时间安排以半个小时为单位，每个时间段都很完整。就是在睡前，那唯一有可能是“碎片化的时间”，我也会安排用来阅读收藏的一些好文章，尽量把每一段时间都变得完整。

其实真相你可能不太愿意听，这个世界上越是优秀的人，越没有碎片化的时间。

再说说碎片化的知识。比时间碎片化更可怕的，是知识的碎片化。说互联网的发展让知识变的免费了，说知识付费的崛起让知识变得廉价了，我都存在质疑。

的确，在这个信息爆炸的时代，我们获取知识的渠道越来越多了，但是那都是碎片化的。而这些碎片化的知识，于你的成长到底有多大帮助？相信我，有价值的东西，在任何时代，都不会免费，都会很昂贵。老旧的知识，即便是经典，也绝不能迷信。知识越普及，就越不值钱，百度上能查到的管理学知识，网络上兜售的通用型方案，已经没有太大的价值。家喻户晓的知识带来的只会是平凡，路人皆知的知识造就的只能是平庸。

我所看到的事实是，无数个并不完整的思维体系，在这个碎片化的时代，被这些碎片化的知识生生撕裂。碎片化的微信朋友圈，一边奉献给你信息，一边打乱你的逻辑；看似包罗万象的今日头条，给我们建立起像牢笼一样的信息茧房；像精神鸦片一样的抖音，蚕食我们不断扩大的碎片化时间……在这个碎片化的时代，如果你没有办法保持思想的独立性和思维的系统性，你只能成为一个碎片化的自己。

我想说的是，如果你想利用好这些碎片化的知识，而不是被它所利用，你就得具备消化它们的能力。这种消化能力建立在两个基础上：主观判断的能力和已经形成的知识系统。否则，你就会沉浸在这些碎片的内容中无法自拔，要么焦虑，要么陷入盲目的自大。

第四，“习”比“学”重要。孔子说：学而时习之，不亦说乎。其实老祖宗早就把“学习”这件事和我们说清楚了。学习 = 学 + 习。“学”就是理论的学习，比如看书，比如上课，向老师、向先生、向前辈学习；“习”不仅是指温习，更指见习，在实践中学习。所以学习，是三分“学”，加七分“习”。

为什么我会认为“习”比“学”更重要呢。因为“学”只是过程和手段，“习”才是最终目的。“学”的最终目的就是为了“习”，学而不习，等于没学。

我相信你们身边都有这样一种人，学问很高，但入世不深，最终的成就只能一般。但还有一种人，没上过几天学，但入世很深，是实践的高手，最终的成就一定超乎常人。在 80—90 年代获得成功的企业家，几乎莫不如是。

学习的目的就是为了“用”，只有到了行动的层面，才能更好的检验理论，更深的理解知识。没有实践的过程，学习永远无法形成闭环，到头来竹篮打水一场空，甚至有人还能得出“学习无用论”的荒谬结论。

在厚德，我们非常重视“实践”这个环节。从我2014年意识到“上课不等于学习”后，就开始了有关学习和实践结合的思考。这个问题不解决，就没有办法给学员创造实实在在的价值；没有办法持续的帮助学员拿到结果，企业培训就没有未来。庆幸的是，在长达9年的探索中，我们取得了一些成果。围绕“课前——课中——课后”三个时间维度、“管理模式＋商业模式”两个专业维度，我们已经搭建起了一套行之有效的学习体系。

如果你关注过厚德，或者关注了我的公众号，会发现我们每周都有各种各样的学员实践活动。2019年疫情还没有到来的时候，我们全年各个区域举办了200多场学员实践活动。现在的厚德，已经有了一整套引导学员行动、帮助学员落地的实践体系，细分成十余项学员课后的实践活动类型，活动举办的数量和质量已经纳入每个分公司总经理和副总经理的绩效考核。

老师课程讲得好，是这个行业的基本要求，无法成为核心竞争力。商学教育要做好，必须是重度服务。如同我们给所有学员做出的承诺：课程结束，才是学习真正的开始。

第五，“慢”比“快”重要。我在过去十年从事教育工作的过程中，遇到无数的企业家和创业者，在学习的道路上都在求“快”。

有没有什么办法，让我马上招到人？让我马上业绩增长？让我把货卖出去？让我多赚点钱？……有这种想法的人太多了。有一次我在讲公开课，才讲了十几分钟，就有人说，“别废话了，来点干的，说怎么解决我们的问题。”我很惊讶，不是他有没有礼貌的问题，而是讶异他的心态。首先，我们的公开课是公益的，你并没有对应的付出就想要回报；其次，我才讲了十几分钟，而且我讲课是从不废话，也从不介绍、吹捧自己，这十几分钟我都在讲这套理论的背景，我认为这是极其重要的内容。但是不好意思，很多人并不关心。正是因为这种心态的普遍，才滋生了培训行业的乱象，出现了很多迎合大家口味的老师、机构和课程。

但在我们看来，这些有悖于规律和常识。在学习的道路上，不要迷恋“特效药”。那些所谓快的，号称包治百病的，要么就是虚假广告，要么就是治标不治本。问题花多长时间形成，往往就需要花多长时间解决，你至少得具备这个心态。

学习能给人来带改变是显而易见的，但是这种改变是需要时间累积的。只有累积到一定的程度，才能由量变带来质变，从内在的改变带来外在的改变。这个过程可能是 3 年，可能是 5 年，可能是 10 年，绝不是听两节课，看两本书就能做到的。你所看到那些成功的故事可能并不真实。

而且，你一定要意识到，并不是所有的知识当下都能转化成生产力。我的经验告诉我，在学习的过程中可能只有10%是你当下能用的，但是不代表那90%就没有用。知识的作用，更多在“储备”。你觉得没有用，是你现在的理解不够深，是你现在没有到这个阶段，是你现在还没有遇到这个问题，总有一天，你会用得上。有储备和没储备、储备多和储备少的差异，往往在危机到来时，或者环境发生变化的时候就会体现出来。比如疫情，有人手忙脚乱、怨天尤人；有人淡定从容，处乱不惊。创业最怕的就是书到用时方恨少，学习最忌讳的就是急功近利。

学习是为了什么？这个问题的答案一定是形形色色。其实很简单，学习就是为了改变自己。遗憾的是，很多人的学习，就是为了改变他人。这就是你纠结、痛苦的原因。相信我，只有在学习的过程中，自己改变了，你才有可能改变他人。自己都改变不了，你谁都改变不了。

为什么公司的问题多？就是因为“能力配不上野心”，只有不断地学习，才能填满这现实和理想之间的鸿沟。解决不了问题，本质上就是自己不够好。只有把自己变得更好，才是一切问题的关键。

另外多说几句，因为我的职业关系，说多了总有人觉得我有私心。但是我还是要说，因为总有一天你会明白这个道理。一定要舍得在学习上投资。不仅是钱，还有时间。花钱是必须的，“白嫖”的心态永远学不到真本事，当然不必超出自己的能力，但有时候需要咬牙下决心。我在创业之初有过多次这样的经历，我是一个对于吃、穿、玩没有什么追求的人，但是在学习上，只要我认为有价值，就敢 All in。还有一些人，不学习的理由居然是“没有时间”，这个我就不想说了，这是典型的不能洞察事情的本质，你会永远在你那个错误的循环里走不出来。

每一个在学习的人，心中都有一个最好的自己。祝愿你们在学习的道路上，遇见一个更好的自己。